走過的歲月——

一個治史者的心路歷程

陳三井 著

序言

　　出書對一個史學工作者而言，我始終懷有一種深情的期待，因為它往往帶來幾分激勵性的喜悅。人生就在這種深情的期待和一波波的喜悅中，繼續奮力前進，而不自覺地把先前所受的痛苦和所遭遇的折磨淡忘。

　　回顧個人的一生，實在平淡無奇。大部分的時間以悠游在中研院的象牙塔裏，從事單純的學術研究工作為滿足。進出圖書館，參加討論會，日以繼夜絞腦汁，撰寫嚴肅、枯燥、乏味、可讀性不高的論文，是例行不變，周而復始的功課。除近史所這個工作崗位外，亦曾先後短暫借調淡江大學和空中大學，並在淡江、師大兼課有年，而且一度在國研所（政大國際關係研究中心）行走，感受年輕朋友的青春朝氣。在淡江期間，還因緣際會參加了幾屆台灣史蹟（源流）研究會的活動。走出象牙塔，前進校園，邁向社會，因此有機會寫下不少姑且把它稱之為「學術變形」的輕狂文章，於今讀來雖然卑之無甚高論，甚至膚淺，但總是人生旅途中所留下來的一些雪泥鴻爪，其中有辛酸，也有快樂，不管如何還值得回味和記憶。個人很早就想把這些散亂不成體系的舊作結集出版，做為退休後賞玩慰藉之用，也聊備行年滿

七十的一種紀念。

　　收在本書的文章，除〈沈雲龍研究近代中國史的一些波瀾〉一文係剛完稿外，大部分都是二、三十年前的少作。按照性質，分為三輯。第一輯的前三篇，係應淡江和師大的學生刊物而作，漫談個人的史學因緣以及對歷史的一些基本認識，以淺顯易懂為出發點。第四篇是在北京故宮第一歷史檔案館，面對全體工作同仁的演講稿，闡述一個史學工作者對檔案的看法，有最愛和最恨兩種極端不同的經驗。第二輯的前三篇文章，是參加台灣史蹟研究會的寫實紀錄。第四篇則是借調空大一年緊張忙碌生活的寫照，早期空大的伙伴對此應記憶猶新。第五篇係應三民書局五十年徵文之作，回顧與該書局結緣的過程，特別難忘劉振強董事長。第六篇係一篇口述訪問紀錄的摘錄，回憶早年就學的情形與初進中研院當學徒的所見所聞。第七篇略談個人海外求學的經驗。最後一篇則是在國關中心行走的一鱗半爪回憶

　　第三輯師友篇，純粹為悼念或紀念一些師友之作，從郭廷以、沈雲龍、林衡道、梁永燊、梅培德、鄭彥棻到丘正歐等幾位長輩，他們在我人生的幾個重要轉折，都扮演了提攜、護持的「貴人」角色，感恩之情非一隻禿筆所能形容於萬一。

　　最後，還要感謝陶英惠兄與潘光哲老弟無私的引薦，和主編蔡登山先生的辛勞以及秀威公司的支持，才能使這些敝帚自珍的舊作以圖文並陳的方式重現，讓期待沒有落空，夢想得以成真！

　　至於本書的照片，採自不同的書籍和刊物，不下十種之多，不及一一註明，一併在此致謝。

陳三井　民國九十六年三月一日　謹識於南港

目錄

第一輯

史學因緣

篇

第一章

我的歷史因緣

俗話说，個性創造命運；而我却認為，興趣影響一個人的一生，甚至支配他的前途。

抛開天資不談，從個性上说，我是一個很難專下心，而又耐不住寂寞的人，所以並不是很適合做研究的材料，但却走上了搞純學術研究的道路。從興趣上说，我的興趣頗廣，樣樣都想「一親芳澤」，並不單單對歷史「鍾情」，但却走上了研究歷史的道路。這一切很難解釋，大概只能歸之於「因緣」兩字了。

事事入迷只為她

興趣有的是從小濡染，有的是後天培養。我出生在彰化鄉下一個很普通的農家，家中既聞不到書香，本身也欠缺歷史的細胞，整天赤者腳在泥土中追逐打滾。坦白的说，先天的條件沒有任何一項足以影響我走上現在所走的路。小學的前半段是日據時期

3

在淡江歷史系「中國現代史」課堂上

在躲空襲警報中渡過，真正能念點書是在台灣光復之後。下課之餘，鄉下孩子的消遣除了抓泥鰍、抽陀螺、玩彈珠和紙牌之外，就是看野台戲。每逢迎神賽會，附近鄉村只要一演戲，不管是布袋戲、歌仔戲，或南管北管，戲台下一定有我的蹤影。吃拜拜兼看戲，再向母親要些錢買零食吃，是童年時代最深刻，也最快樂的回憶。野台戲看起來並不舒服，因為從頭到尾得站著看，兩、三個小時下來，夠你腳酸背疼的。高年級後，我比較不願意「拋頭露面」了，而喜歡經常隨祖母到小鎮那家獨一無二的戲院去看歌仔戲。由於我個子瘦小，連半票都不必買——名符其實看白戲，而又因為記性好，可以和老祖母討論劇情和人物，所以她老人家也特別喜歡帶我同去，並且在散場後，照例買我最喜歡吃的蚵仔煎或菜頭粿作為犒賞。

到員林中學上初中後，我的興趣轉移了，那哭哭啼啼、千篇一律甚少變化的歌仔戲，已經引不起我的興趣；我迷上了那既新鮮又富刺激，帶有聲光化電

的西部電影或劍俠片。那時學校規定不到週末或星期假日不能進電影院，員林共有三家電影院，我只得利用星期天搭小火車再到員林連趕數場，把非看不可的好片一口氣看完。

除了電影之外，我又迷上小說。本村有位族兄，家藏有各種演義小說，從《七俠五義》、《小五義》、《薛仁貴征東》、《薛丁山征西》，到《封神榜》、《東周列國志》等應有盡有，我都一一借來看得如醉如痴，對於小說中的人物既崇拜又著迷。可惜因為缺乏名師指點，一些古典小說如《水滸傳》、《三國演義》、《西遊記》、《紅樓夢》等，反而失之交臂，緣慳一番了。

民國65年1月25日於木柵溝子口李家餐敘後與淡江歷史系同仁合影。
左起：周宗賢、李秀文、陳子槐、高亞偉、戚長誠、汪知亭、陳三井、蘇振申、劉家駒、樂炳南、楊吉仁、張震華。

主持史四同學陳金興婚禮後，與新郎、新娘及班上同學合影。

在電視還沒有引進發明到台灣來之前，鄉下人飯後的唯一消遣，就是聽「講古」（說書）。那時，本村有位阿保仙，能說善道，只要備上一壺茶，常在夏夜有星的晚上，他就一手搖扇，免費為大家說上一段，讓坐滿庭院的男女老少，都聽得津津有味。也許就是這些因素的湊合，使我從初中開始就對歷史產生特別的興趣。

見賢思齊的抉擇

從初中到高中，迎新送舊，不知換了多少位歷史老師，但其中讓我印象最深刻、影響我最大的當是傅叔華老師。除了初三那一年曾擔任過我們的導師外，他也是我高二到高三的歷史老師，從本國史到外國史都由他一手包辦。傅老師為人和藹可親，風度翩翩，上課從來不帶課本，講起課來有條有理，亦莊亦諧，實在引人入勝。高中最後兩年的關鍵階段，是他真正幫助我作了「見賢思齊」的選擇。在潛意識裏，我彷彿聽

到自己的聲音：我要念師大，像傅老師一樣做一位中學老師，我更要
以史地系（當年史地不分）作為第一志願，要像傅老師一樣做一位受學
生歡迎的歷史老師。

聯考對於我來說還算蠻順利的，我幸運的以第一志願考進了我
夢寐中想念的學校和科系。師大的性質，主要在培養中學師資，一般
似不太鼓勵學生從事研究，所以上課的方式仍以老師單向式的演講，
學生抄筆記為主，很少有啟發性的討論，或指導撰寫論文和報告。四
年的大學生活，一晃很快的過去了，但臨到畢業，我卻有「前不見古
人，後不見來者，念天地之悠悠，獨愴然而泣下」的悲戚感覺。面對
浩瀚的史籍經典，我有不知如何下手的惶恐，更有「學海無涯，人生
苦短」的茫然。我徬徨，我六神無主，不以做一個中學老師為滿足，
但卻不知道自己的興趣在哪兒。中國史、外國史乎？外交史、經濟
史、社會史乎？隋唐史、秦漢史、明清史或近代史乎？那時的心情，
就像一艘即將啟碇遠航的船隻，而掌舵的人卻不知道目的地在何方。

民國65年7月，筆者和
內人與參加畢業典禮同
學合影。

另一張畢業典禮照

與喜事成雙的劉勝墩、林芝卿合影

傍徨中的援手

師大結業後，我被分發到中部一所頗有名氣的中學試教，從國文、公民、地理教到歷史，真是無所不能，讓我真正體會到一個中學老師學非所用的痛苦，也真正瞭解到歷史淪為副科的悲哀，這些都足夠把原本已經不很堅定的興趣加以無情的摧殘。

幸好，一個機會，一隻有力的手把我從頹喪無助的沉淪中救起。那是大學中教過我明清史、中國現代史的郭廷以老師，找我到中央研究院他所主持的近代史研究所參加最基礎的研究工作。經過南港「象牙之塔」的一段薰陶，我好比航行者已經重新找到方向一樣，有「如魚得水，如鳥入林」般的快樂。在師友的指導和相互切磋下，我逐漸領悟到研究的門徑，其間也曾兩度出國進修，對於研究工具——語言，有所加強，也培養了研究外交史的興趣。

從事研究工作固然枯燥，搞歷史尤其寂寞，但我並不後悔走上這一條路。

我很高興能以研究為專業，以中國近代現代史為範圍，希望在有生之年，繼續做一個史學界的馬前卒，不問為誰消瘦為誰憔悴，但盼能為中國的史學研究貢獻一份心力！

（原載《淡江史訊》創刊號，頁17-18，民國70年10月）

第二章

邁開歷史的步伐前進

——賀《史訊》出刊勉同學而作

路是人走出來的，不怕路遠，只怕我們畏縮不前。《史訊》的創刊就是一個極好的例子。淡江歷史系自成立以來，已經邁進第九個年頭，同學的人數也由五、六十人增加到四、五百人，但始終沒有一份屬於同學自己，可以溝通心聲，發抒感情，表達意見的刊物。《史訊》的誕生，或可稍微彌補此一缺陷。今後《史訊》所扮演的角色是多方面的，它既是校際間「以文會友」，傳遞消息的媒介；也是師生間切磋學問，砥礪品行的橋樑；更是同學們鍛鍊能力，表達才華的園地。因此，熱切希望全體同學，不分男女，不論年級高低，人人熱烈支持，個個踴躍參與，視《史訊》如同最能鞭策自己的師長益友，以《史訊》的榮辱作為自己的榮辱。

值此《史訊》呱呱墜地，與大家見面之際，個人願提出三點希望。藉與全體同學共勉！

一、不亢不卑，堅定信心。首先我們要

與淡江歷史系同學合影，右一為周宗賢教授。

瞭解，人生際遇的窮達逆順，與他所上的大學，四年所修的學科，並沒有絕對的因果關係。其次，對於文法科而言，大學教育毋寧算是一種通才教育，並不如一般人想像中的那麼高深；四年的大學教育，與其說是學術的，倒不如說是生活的。一個普通學生在四年之中能學到的本科知識，都僅是將來準備從事社會服務或研究工作的起步而已！

各位雖然不是以第一志願考進淡江，但至少都經過大學聯考的千錘百鍊，持有一定的素質和水平，比上或許稍嫌不足，但較之落榜的大多數考生仍覺有餘。何況對文法科的同學而言，電腦試題測驗下的幾分，乃至幾十分所代表的差別意義又幾何！大學教育，優良環境的薰陶，名師的啟迪指點，圖書設備的齊全條件固然重要，但最可貴的還是自我的不斷努力和充實。如果說，我們的先天條件稍覺不足，我們就用後天的努力來彌補它，把差距拉近。因此，信心的培養實在更為重要。同學們，過份的驕傲和自負固然沒有必要，就是過

份的自卑，也同樣有礙於前途的開展。唯有保持不亢不卑的態度，堅定信心，才是「淡江人」的本色。

　　二、擴大視野，厚植基礎。處在目前這個知識爆發，技術不斷更新的時代，我們再也不能抱殘守缺，關在象牙塔裏孤芳自賞；面對今日這個講求科際整合的世界，我們更沒有理由僅以修習本科的知識為滿足。從研究學問的觀點看，除必要的語文工具（例如國文、英文）必須熟諳外，更要擴大視野，隨時隨地，不分課內課外，或自己閱讀，或透過演講討論會，多涉獵社會科學方面的基本常識，以增加為學的廣度。另一方面，關於本科的教育，除教授指定的參考書和課堂所抄的筆記外，亦應經常留意各種期刊雜誌的新研究成果，以厚植學問的基礎。就服務社會的觀點看，大學教育也可視為踏入社會前的一個儲養過程。由於我國教育的普及發達，目前大專畢業已是稀鬆平常之事。因此，在四年當中，誰的接觸面愈廣，誰學到的本領愈多，將來誰的機會也愈多，

又一張合照

創業開展的途徑當然也就更為平坦。總而言之，擴大視野，則能擷人之長，補己之短，心胸亦能隨歲月之增長而日見寬廣；厚植基礎，則學有所長，藝有所精，才不致嫉人之能，妒人之美，而自陷於不長進之地步。

三、消除代溝，積極參與。不管時代如何變化，師生間的情誼，仍是最值得珍惜的感情之一。就理論上說，天下沒有不為學生好的老師，沒有不關心學生、愛護學生的老師；彼此多接觸，進而互相瞭解，則代溝自不存在。但因目前同學人數眾多，盼望老師注意到每一位學生，事實上恐有所不能，因此還得請同學們採取主動，多與老師親近。

有人說，大學四年是人生最多采多姿的黃金時代，但寶藏雖好，也要你自己去發掘，花園雖美，還要你自己來欣賞。除了課堂上的春風化雨之外，大學生活最有意義的莫過於參加各種課外活動和書本以外的薰陶。淡江擁有學術性、康樂性、聯誼性、靜態、動態等各種社團多達一、二百種，都是你展露才

追隨林衡道教授參觀古蹟，與淡江歷史系同學合照，右一為周宗賢教授。

華，陶冶品性，結交新朋友的好場所。迎旭日之冬升，你可與同伴比賽爬克難坡的速度；觀落日之餘暉，你可與好友同登會文館遠眺；閒來，或三五成群在古色古香的右任路上蹓躂，或圍坐驚聲銅像旁拉開嗓子天南地北的高談闊論，學一學把啤酒瓶擲向藍天的豪情。總而言之，淡江有的是你活動跳躍的空間，也有的是你奔跑馳騁的場所。

同學們，當你坐厭了淡水線的小火車，爬累了克難坡，欣賞夠了淡水秋色，飽覽了觀音山的雲霞，翻遍了圖書館的藏書，那就是大家互道「珍重再見」，各奔前程的時候了。而眼前的一切，還要靠你自己來把握啊！

（原載《史訊》創刊號，民國64年10月）

第三章

為誰憔悴為誰忙

——一個史學工作者的獨白

歷史因緣一線牽

有人說，個性創造命運；而我卻認為，興趣影響一個人的一生，甚至支配他的將來。興趣有的是從小濡染，有的要靠後天培養，雖異曲而同工，殊途而同歸。

在一篇題為「我的歷史因緣」的短文中，我曾對自己做過這樣的解剖——「拋開天資不談，從個性上說，我是一個很難專下心，而又耐不住寂寞的人，所以並不是很適合做研究的材料，但卻走上了搞純學術研究的道路。從興趣上說，我的興趣頗廣，樣樣都想『一親芳澤』，並不單單對歷史『鍾情』，但卻走上了研究歷史的道路。這一切很難解釋，大概只能歸之於『因緣』兩字了。」所以興趣固然能影響你一生的選擇，因緣何嘗不也可註定你不一定想走的道路。

豈能念經又化緣

有「中國物理學之父」稱號，現任中央研究院院長的吳大猷博士，他有句用來自我解嘲的名言：「世界上有兩種和尚，一種是念經的和尚，一種是化緣的和尚」。照他自己的興趣與個性，該是念一輩子經的。無奈事與願違，後半輩子為了化緣而誤了念經。此因中國和尚太少，凡念經修道而優者，難免不被推派出來化緣。他後半生之主持科學紮根工作，最近之出任最高學術研究機構的領導人，想必就是這種無可奈何的憾事！化緣既然影響念經的本分工作，所以還是趁年輕時多念點經為妙！

在謝師宴上，與師大歷史系同學合影。

已故的考古學家李濟曾透露一段往事。有一次與蔣廷黻（清華教授，外交史家，曾任駐聯合國代表）聊天時，他曾問蔣：「你覺得是創造歷史好，還是寫歷史好？」意思是：「做創造歷史的人快樂，還是做寫歷史的人快樂？」蔣沒有直接回答他的問題，只是反問了一句：「你覺得現在知道司馬遷的人多，

還是知道張騫的人多？」

張騫的出使西域與司馬遷的作史記，「通古今之變，成一家之言」，同樣是歷史上不朽的盛事與壯舉，雖然見賢可以思齊，但這並非人人可以做得到的。我們一般人最好不必好高騖遠，只就性之所近，力之所逮，選擇一門學問，一項專長，朝夕浸淫，畢生致力，即使不一定能揚名國際，留芳百世，至少亦有成就的滿足。

與師大歷史系教授王啟宗（中）、
林明德（右）合影。

借問學史何猖狂

曾唸過中興大學歷史系的阿圖（許仁圖）在他的《鐘聲二十一響》一書中自述，經常半夜起來背西洋史那些陌生的人名、地名和歷史事件；他認為中國歷史的兩大學問就是年號與職官。這真是只知其一，不知其二，見樹不見林的誤解。

素有「文化頑童」之稱的李敖，對歷史系有更大的誤解。他說：「歷史系是一個神祕的系，它可使狂者愈狂，猖

者愈狷，笨者愈笨！」事實上，歷史學就像其他的人文社會科學一般，何神秘之有？讀史書、閱史料，固然可以使人慷慨激昂，或擲筆浩歎，但透過史學的專門訓練，看問題宜力求冷靜客觀，分析議論講求週密落實；所以說學歷史，應該使「狂者不狂，狷者不狷」，而笨者，也有其一愚之得才對啊！

眾裏尋他千百度

　　怎樣才能成為一個有為有守的良史？古人劉知幾、章學誠有所謂史家三長、四長的說法，在此不擬贅述，我想多談談今人的看法。

　　已故台大教授，中研院院士方豪神父，在一次私人聊天中，特別提到今日史家的三項要件，茲引伸如下：

　　一、**富**──富而好「史」，可不為五斗米折腰，不必為鐘點費而到處兼課；亦可有充足的鈔票購備史料與史書，甚至僱請助手，極為方便。

與師大歷史系同學合影於中研院
胡適紀念館前

二、**貴**——治「史」而貴，地位
　　備受推崇後，則各方演講與參
　　加大小會議之邀請接踵而至，
　　財源滾滾而來；各種書刊雜
　　誌也自動有人贈閱，不必花錢
　　訂購；位尊後，看一些特別資
　　料，也有莫大方便。

三、**壽**——文章千古事，壽高而努
　　力者，自然比聰明而早夭者留
　　下成績多。

與師大歷史系主任鄧元忠（右）、劉紹唐先
生（左）合影。

　　方豪的說法不無道理，但畢竟是
「貴族」之見，對年輕人沒有激勵作
用！

　　文化大學宋晞教授治史，則一向秉
持「新、全、真、透、密」五字訣。

　　新——選題宜新。

　　全——搜集宜全。

　　真——鑑別宜真。

　　透——解釋宜透。

　　密——行文宜密。

　　這五字訣不論對初學者或已出道的
行家，同樣都是有用的座右銘。

　　旅美學者，寫過《胡適雜憶》、

以《胡適雜憶》、《胡適口述自傳》等書聞名中外的史學家唐德剛近照。

唐德剛教授的另一套大著《晚清七十年》

《胡適口述自傳》的唐德剛教授，在與李敖論學時特別提到史家三「氣」，他認為：

一、**才氣**──「才氣」不難，中華民族整個就是有才氣的民族，江南、台北多的是才子，沒啥稀奇！

二、**脾氣**──第一流的史家，一定要有「脾氣」。作者無「脾氣」，則著述無個性；著述無個性，則如一潭混沌水，不看也罷。所以論「脾氣」，則罵起人來，白刀子進，紅刀子出，豪不留情。

三、**怨氣**──最難的要算「怨氣」了，「怨氣」是寫歷史的原動力。屈原放逐，乃賦離騷；左丘失明，厥有國語；孫子臏腳，兵法修列；孔子道不行，而作春秋；馬遷被「割」，憤著史記；李敖收監，向壁「獨白」。

歷史有其嚴肅的一面，不容以偏概

全，它固然含有殷鑑的作用，但絕不是個人憑藉才氣，發洩怨氣，用為揭發他人隱私的工具。

自古史家多寂寞

事實上，研究歷史並不專恃才氣，常見多少有才氣的史學家終身述而不作，眼高手低蹉跎一生；唯有決心與功力才是成功的不二法門。

二十年前筆者訪問有「小諸葛」之稱的白崇禧將軍時，它講了下面一則有關決心的故事。

「前海軍總司令桂永清任駐德武官時，因仰慕興登堡（Hindenburg, 1847-1934）之參謀長魯登道夫（Eric Ludendorft, 1865-1937）的大名，多方託人介紹，望能趨前求教。後來如願以償，見面時桂氏請教為將之道，魯登道夫沉吟片刻而答道：『決心！』桂再問是否尚有其他，魯不語，顧左右而言他。後來桂奉召回國，因覺魯登道夫解釋為將之道過於簡約，臨行請求再晤見一次，魯仍然答覆為將之道『決心』二字而已！」

不只為將之道如此，為學之道也如此，研究歷史之道亦復如此。有了決心，則產生毅力，進而發揮定力，久而久之自見功力，如此雖資質稍差，亦能奮勉有成！

從事史學工作，不管是教學或研究，難免不無「千山萬水我獨行」的寂寞感，要想在有生之年名利雙收更是絕無僅有！但只要下定決心，「眾裏尋他千百度」，不論為誰憔悴為誰消瘦，總有「驀然回

首，那人卻在燈火闌珊處」的樂趣！

（原載師大《史系彙訊》第13期第4版，民國73年1月11日）

第四章

一個史學工作者的檔案觀

前言

　　我是一個史學工作者，一生與檔案可以說結下不解之緣，將大好青春都埋在檔案故紙堆中，為「伊」消瘦，為「伊」憔悴，至今無怨無悔！為了工作需要，幾乎整日與檔案為伍，要看、要手抄、要複印、要研讀分析，最後才能寫出一篇篇、一本本的書來，苦中作樂，這是檔案為小我服務的階段。

　　自從兼任所長以後，因行政事務比較繁忙，手抄或複印檔案的工作，能假手助理或太太做，便盡量請她們幫忙代勞，現在自己做得比較多的是檔案整理和出版，以分享士林同好的工作，這是檔案推廣，為大我為多數人服務的階段。

　　綜合這兩個性質不盡相同的階段，個人都有一些酸甜苦辣的感想或若干一得之愚的經驗，藉此機會提供出來和在座同行朋友，相互切磋，卑之無甚高論，敬請大家批評指教。

在中國第一歷史檔案館的演講會上。右為徐藝圃館長，左為楊繼波副館長。

在中國第一歷史檔案館大門前合影。
左一：楊繼波，左二：徐藝圃。

檔案與史學的關係

這裡所指的檔案，係以國家檔案或公共檔案為主，它是研究歷史不可或缺的素材，也可以說是第一手最直接的史料。[註1]

過去有人認為「史料學就是史學」，從強調史料重要性的觀點看，這話頗有它正面的道理；但史料學是專門考訂史料，研究史料的源流、價值和利用方法的一門學問，它儘管與史學有十分密切的關係，不過也有重要的區別。換言之，史料學是為歷史科學服務的，它不等於史學，更不能代替史學。

關於檔案與史學的關係，靳元龍說得好：「檔案與歷史是不可分割地一體兩面，也就是說：歷史缺乏檔案的憑藉，歷史可能淪為空洞地敘述，甚至是抽象地不切實際地虛構。換言之，檔案若缺乏史學家予以系統的整合，與歷史發生互動地作用，所謂檔案亦不過僅是一群相關文字的連綴，其存在底價值意義與其歷史影響力的功能，即產生質

疑」。[註2]檔案因提供為史學服務，而更增其存在價值，而更發揮了功能。

　　檔案工作者與史學工作者之間，也有互補、互通之處。楊尚昆說過：「檔案工作是一門科學。檔案工作者要了解歷史，了解現狀，了解服務對象，更要熟悉檔案內容，並且要把現代科學技術應用於檔案管理，才能做好檔案的科學管理和提供服務的工作」。[註3]同理，一個史學工作者也要了解檔案的收藏、整理和出版情形，甚至熟悉檔案的特色和價值，才能更精確地掌握他所要進行的研究方向，發揮淋漓盡致的研究成果。一個出色的史家，除了天賦資質外，基本訓練也不可忽略，這個基本訓練便是從整理檔案開始。就像一位能烹調整桌色香味俱全佳肴的大廚師，他必定懂得如何配菜、調味和刀法、火候等基本功夫！

史學工作者的最愛

　　史學是一門講究分析、比較、綜合，以求概念化（conceptualize）的科學，但提供做為分析、綜合的基本素材，仍離不開檔案，而檔案浩瀚如海，且又日積月累的無限增加，史學家如何在有限的研究生涯中，去追逐去閱讀參攷那堆積如山的檔案呢？答案只有一個，那就是史學工作者不能「博愛」，

參觀該館珍藏檔案

無所不能，他必須有所選擇，從「眾愛」中選出「最愛」，也即「雖有愛必捐」，量力而為做全神投入，這樣才能有所突破，有所創獲，而不致人云亦云，永遠落在別人後頭炒冷飯！

什麼是史學工作者的最愛？從檔案的整理和使用服務的觀點看，重要者有下列諸項：

一、檔案最好的服務，便是出版、發表、公諸世界

已經出版好的檔案，多半經過整理，它有許多優點，便於使用，而且無遠弗屆的流傳，可以為史學工作者節省許多時間、精力、金錢，當然稱得上是史學工作者的「最愛」。我甚至要高聲說：「萬般皆下品，惟有出版檔案高」。

像「大溪檔案」、「石叟叢書」，本也是研究中國現代史學者的「最愛」，但前者一直不公開，後者仍由家屬私藏，讓史學工作者長期無法「一親芳澤」，真是暴殄天物！

民國78年4月參加香港大學舉辦的「亞太地區文獻研究研討會」後，與徐藝圃館長攝於港澳渡輪上。

　　檔案和學術一樣，本是天下公器，共有、共享之物。與出版有異曲同工之處，便是幫助其流傳，公諸同好。史學家的流品，可由個人發現新檔案的處理態度得知。一流的史學家往往把新資料，影印寄給知音同道共享；二流史學家則「見獵心喜」，默默加緊工作，以搶先發表為快；三流史學家則將其束之高閣，自己雖沒有能力研究，也絕不輕易示人，結果是「私藏等於銷毀」，可能使檔案永不見天日！

二、出版「檔案目錄彙編」也是可喜之事

　　檔案既然能堆積如山，浩瀚如海，整理又極耗資費神，當然僅能選擇較重要而有價值者，予以出版。這時，「檔案目錄彙編」的出版，不但可提供讀者這無遠弗屆的查閱方便，而且有一覽無遺的好處！這也是從事檔案工作者得天獨厚，優於為之的工作。像中央研究院近代史研究所出版的「外交檔案目錄彙編」（二冊），便很受歡迎。

　　以法國為例，有關研究亞洲與大洋洲歷史的檔案資料，在聯合國科教文組織（UNESCO）贊助下，便曾印了兩巨冊的目錄，名叫" Sources de l' Histoire de l' Asie et de l' Oceanie dans les Archives et Bibliotheque Francaise" （Munchen, New York, London, Paris, 1981）於法國公共檔案的收藏，檢索便得。

　　另法國國家檔案館（Archives Nationales）收藏有留法勤工儉學專檔，也曾在Geneviere Barman與Nicole Dulioust兩位女士合作下，編印一冊目錄名為" Etudiants-Ouvriers Chinois en France, 1920-1940" ，研究者稱便。

三、史學工作者最喜歡看到的，當然是經過分類、編目、整理，有日期，收發、裝訂得整整齊齊，參攷起來非常方便的檔案。

史學工作者的最恨

在一個資訊爆炸的時代，史學研究雖然只是一種「獨上高樓」、「千山萬水我獨行」的寂寞工作，但同樣面臨分秒必爭的挑戰。史學工作者所不能忍受的是徒勞無功或「入寶山而空手歸」！

在搜集資料、查閱檔案的過程中，史學工作者最怕、最恨的事，依個人經驗約有以下幾樁：

1. 檔案館本身缺乏一個完整而有系統的目錄；
2. 檔案未做分類、編號、裝訂等起碼的整理工作，翻閱十分不便。未經處理的檔案，幾乎難於引用；
3. 每天限制調閱的件數；只能手抄，禁止複印的規定；
4. 年月日不全或署名不完整；
5. 中文草書或西文未經打字之檔案，增加辨識之困難；
6. 抄本有錯漏字，或外國人名、地名、專有名詞等抄錯；
7. 以微縮方式收藏，雖然聊勝於無，但長期閱讀極為痛苦，更於眼睛視力有損。

結語

檔案整理、管理和史學研究，都是一種極為辛勞，往往只有付

出而很少獲得掌聲的工作。不過兩者有取長補短的作用，合則兩蒙其利。

　　基本上，檔案因提供各項服務（包括史學工作者的參攷）而更增加其存在的重要性，所以無論檔案機構或工作人員，能去除衙門作風，不抱持「多一事不如少一事」的心理，多為讀者著想，多做一點便民的服務工作，那真是功德無量矣！

　　但總而言之一句話，最好的服務，最理想的檔案保存，還是發表、出版。從檔案史料到目錄彙編的出版、流傳，不僅能促進學術資訊的廣泛交流，更可提升史學研究成果的品質，這應也是檔案工作者心靈上難以形容的一種滿足！忝為一個史學工作者，一直對從事檔案工作者心存感激之情，藉此機會談談個人對檔案的一些看法，目的無非在呼籲大家更重視檔案，為檔案提供更多、更切合史學研究需要的服務。

（原載台北《檔案與微縮》 第36期，頁12-15，民國84年春）

註1：張憲文著，《中國現代史史料學》（山東人民出版社，1985年），頁1~2。

註2：靳元龍，〈檔案的歷史觀：超越時代延伸的科學〉，收入中國檔案學會編，《海峽兩岸檔案管理暨縮影技術交流會文集》（檔案出版社，北京，1993年），頁150~151。

註3：《當代中國的檔案事業》（中國社會科學出版社，北京，1987年），楊尚昆序。

第二輯

象牙塔裡塔外 篇

第一章

台灣史蹟研究會紀實

前言

　　臺灣史蹟研究會，創於民國五十九年八月二十一日，到今年（六十六）二月冬令止，前後已歷十屆，參加研究的會友總數共達一千九百三十七人。從草創時的僅有二、三十位會友到今天的每一梯次的一百五十人，從最早的簡單課程到現在所擁有的講座陣容，自最初的單以大專院校在學學生為對象到今天的包括各公私立中學教師甚至中小學校長在內，從開頭社會的冷漠反應到今日的廣泛受到各界重視，在在顯示出這個研究會的方向正確，主辦單位事先的週詳籌備以及工作同仁的辛勞服務沒有白費。筆者忝為工作同仁一員，極願將甫告結束的冬令臺灣史蹟研究會的性質和內容向廣大社會大眾作一扼要介紹。

民國65年8月，救國團主任宋時選主持綜合座談會。右為台北市民政局長兼史蹟源流會主任楊寶發。

宗旨與研習對象

臺灣史蹟研究會是冬令自強活動中具有學術性質的營隊之一，由中國青年反共救國團委託臺北市文獻委員會主辦，臺灣省文獻委員會、臺灣省教育廳、臺北市教育局、私立銘傳商業專科學校為協辦單位。會址設在士林銘傳商專。

臺灣史蹟研究會以探討鄉土史事，闡明地方古蹟，表彰先賢潛德，宏揚愛國情操，啟迪民族精神，進而從地緣、血緣以及文化整體關係體認臺灣與中國的一脈相承關係為其宗旨。更確切的說，在期勉年輕的一代於接觸先民豐富遺產與鄉土史蹟之餘，能夠「繼承歷史文化血脈，開拓民族生命新機」，進而「強固艱難抗暴的誓願，發揚仗節死義為精神」，終而「完成驚天動地的中興大業，再造可歌可泣的光榮史篇」。

臺灣史蹟研究會的研習過程分為兩期進行，第一期以大學研究部、大學、獨立學院、三年制專科、五年制師專在

學學生為對象，定額為一百五十人，其中固然以大學文學院各科系，尤其歷史系同學佔多數，但亦不乏理工科系對臺灣史蹟懷有興趣的學生。由於各校報名異常踴躍，而分配名額有限，故各期向隅者極夥。有的年年報名參加，苦候三年始得如願以償。報到之日，未獲入選同學依然帶著行裝由中南部趕來，希望獲得超額錄取。凡此均說明了此一活動本身已在各大專院校產生熱烈的反響。第二期以臺北市、臺灣省公立國中文史教師為主要對象，定額亦為一百五十人，但自本屆開始，不但有高中文史老師志願參加，亦歡迎私立中學老師共同切磋，甚至還有卅六位省、市國中、國小校長參加。由此顯示這項活動已向下紮根，向各方推廣，較前獲得更大的效果。

本屆臺灣史蹟研究會在時間上分兩個梯次進行：第一期的學生組由民國六十六年一月二十六日至二月二日，為期八天；第二期的教師組由二月三日至二月十二日，為期十天比學生組的活動時間多出兩天，課目的安排因此也較為豐富。

課目內容與講座陣容

由於臺灣史蹟研究會是一項學術性的青年自強活動，因此它具有兩項特色：第一，課目內容豐富，大致按照臺灣開發時間的先後，由遠而近，自古及今，次第展現臺灣與大陸血肉相連的源遠流長關係。第二，講座陣容堅強，所聘講座都是研究臺灣鄉土史事有素的專家學者，碩學鴻儒與年輕俊彥兼而有之，堪稱一時之選。茲將重要課目及主講人介紹如次：

副主任兼執行秘書王國璠講課神情

「臺灣與中原文化的歷史淵源」揭開研習的第一課。前國立歷史博物館館長，輔仁大學教授王宇清列舉各種實例，指出臺灣文化原是中原文化的一環。從臺灣世居同胞的生活方式及國民情操，都可以探尋到中原文化的王道精神與重土報本的特質。臺灣不愧是個寶島，它有島國精煉的特性，同時亦具有北土博化的功能，所以人才蔚起，今後將擔任天聲再壯，復興中華文化的重任。

「從南部古生物之出土談臺灣與大陸的地緣關係」，是比較專門的課題，原為臺大地質系教授林朝棨講授有年的專題，目前因林教授年事較高，身體行動不便，改由其高足劉平妹女士擔任。劉女士從地殼的性質，地史、古生物群、現生生物群、地層的性質、火成岩的性質、臺灣海峽的地形與地質等各方面研究結果，證明臺灣原是大陸的邊緣部份；換言之，在第四紀更新世末期，臺灣海峽與東海的大部份尚未凹陷沉沒，大陸和臺灣完全連在一起。劉女士

並放映臺東八仙洞長濱文化發掘經過的珍貴幻燈片，以幫助學員們的瞭解。

「圓山文化與臺灣先史」係本年度增開的新課目，由中央研究院史語所助理研究員臧振華先生主講。臧先生畢業於臺大考古人類學研究所，受過考古方面的科學專門訓練，他先就北部圓山文化的發掘經過、年代、石陶特徵做了有系統的說明。再以石片與陶片等實物的型式與紋路，推論圓山文化與中國大陸古代文化有直接或間接的關係。

「臺灣移民史」專題由臺大考古人類學系主任尹建中教授擔任。尹主任先說明人口學對於移民研究的概念與方法，再按時代先後介紹漢人開拓臺灣的史實。一部臺灣史可以說就是整部的臺灣移民史，因為臺灣之有歷史，完全是由臺灣移民產生出來的。先民渡海東來，胼手胝足以啟山林，以拓殖斯土，為後世子孫奠下萬年之宏業。緬懷先德，益令人格外淬勵奮發。

「臺灣土著民族研究」由中央研究院民族學研究所研究員石磊講授。石教授從事臺灣高山族的研究有年，著作甚豐，講起課來堪稱駕輕就熟。他先就研究方法與文獻做了一個入門介紹，再就臺灣平埔族與高山族的地理分佈、生活習慣、宗教信仰、社會組織等做了有系統而深入的比較分析，使學員們獲益匪淺。

「清季臺灣的新政新建設」由師大歷史研究所教授兼文學院長李國祁主講。李院長縷述清季臺灣前後三任最高行政長官—沈葆楨、丁日昌、劉銘傳的治績，把他們開山撫番，設官分治，慘澹經營，促進臺灣政治近代化的整個歷程做了一個比較研究，並檢討其得失。李教授分析精闢，創見尤多，予學員們甚大啟發。

「臺灣的方言源流」是中央研究院史語所研究員丁邦新講授的專題，他先說明漢語的幾個特性，其次追溯閩南語、客家語與漢語分離的時間，最後用一些淺顯有趣的例子，比較國語、閩南語、客家語三者在構詞上的不同。丁教授口齒清晰，講課幽默，為學員們的學習情緒帶進了高潮。

　　「臺灣的民間藝術」是師大藝術系教授施翠峰鑽研多年，獨具心得的專長。施教授把他自己珍藏的有關臺灣民間藝術的幻燈片精選出來，一面放映，一面說明，作了有系統的介紹。從臺灣寺廟建築的外觀到所供奉的諸神，乃至於布袋戲、歌仔戲、皮影戲、傀儡戲，以及剪紙、風箏、舞獅、建醮等種種難得一見或即將失傳的民間藝術，讓學員們作了一次總巡禮。

　　「國民革命與臺灣光復的歷史淵源」由中國現代史名家，政大教授李雲漢先生主講。李教授以渾厚有力的語調，生動感人的口吻為學員們上了一課近代史。臺灣雖因甲午戰敗馬關之約割讓予日本，但大陸的仁人志士莫不以光復臺灣為義不容辭，責無旁貸的使命，從國父孫中山先生倡導革命，到總統　蔣公的領導抗戰，無不以光復臺灣失土為其職志。同時，臺灣的志士仁人，也無時不在為臺灣的光復而奮鬥，例如連雅堂氏所撰《臺灣通史》，激勵了臺灣同胞的愛國精神與抗日決心；丘逢甲曾經參與「臺灣民主國」的抗日；羅福星曾加入同盟會，躬身參加黃花岡之役。民國建立後，他又返臺密謀發動一九一三年的反日大革命。凡此均說明了「血濃於水」的一體關係。

　　今年是《臺灣通史》作者連橫（雅堂）先生的百歲冥誕，因此特闢「連雅堂先生的生平及其愛國思想」一課，邀請對臺灣革命史料素

有研究的文化學院教授曾迺碩主講，藉
使年輕的一代對於雅堂先生的生平及其
愛國保種思想有所認識。為了紀念這位
大義凜然的愛國者、卓越的史學家與詩
人，臺灣史蹟研究會並協同臺灣省文獻
會與臺北市文獻會於二月十一日上午十
時假臺北市新公園劍花亭舉行連雅堂先
生銅像揭幕典禮。典禮由臺北市長林洋
港主持，敦請國史館館長黃季陸為銅像
揭幕，繼由臺大教授黃得時報告連雅堂
生前事略，臺灣史蹟研究會主任楊寶發
代表獻花，連氏哲嗣連震東曾於典禮完
畢後，登亭致謝詞。典禮簡單而隆重，
歷時約四十分鐘，到會各界人士四、
五百人，為「臺灣史蹟研究會」的研習
活動掀起了高潮。

連雅堂銅像揭幕典禮盛況

教師組因研習時間較長，故增闢
「臺灣歲時與大陸風俗習慣之比較」與
「清代臺灣的書院與書房」兩門課目，
均由臺北市文獻會副主任委員王國璠
主講。王氏係籌劃主辦「臺灣史蹟研
究會」的大功臣之一，平素交遊甚廣，
對臺灣志書、文物、書畫、風俗尤有獨

到精深之研究，講起課來引經據典，如數家珍，甚獲學員們贊賞！尤其他那種抱病從公，為臺灣史蹟研究會「鞠躬盡瘁」的奉獻犧牲精神，更令全體工作同仁和歷屆會友們感動不已！

參觀活動─實地印證

「臺灣史蹟研究會」的研習活動，除課堂的講授，幻燈欣賞以及分組座談外，也舉辦參觀勘考活動，讓學員們獲得實地的印證。參觀之前，先有「臺灣古蹟、名勝」的介紹，由臺灣省文獻委員會代主任委員林衡道教授主講。林氏鑽研臺灣史蹟數十載，足跡遍及寶島每一角落，可謂無遠弗屆，無廟不至。他按照臺灣開發的四個主要時期─荷據時期（北部則為西班牙人所佔領）、鄭氏時代、清領時期、日據時期，分別介紹本省各地古蹟精華。林教授講課時亦莊亦諧，且多發人深省之警語，充分流露對國家、對民族的熱愛。接著由王國璠教授放映古蹟、文物、名勝幻燈片，並做

與林衡道教授及會員合影

說明，以加深參觀前的印象。

　　參觀活動共有三次，均由林衡道教授率領講解，另有曾迺碩、徐玉虎、周宗賢、吳基瑞等幾位輔導員助陣。第一次參觀新莊、板橋。新莊是清初北部地方最早開發的都市，也是當年臺灣北部最重要的港埠，它的歷史比艋舺還早。新莊除參觀帶型的舊街外，慈祐宮、三山國王廟、武聖廟、先嗇宮、地藏庵等都已有二、三百年的歷史，由此可以瞭解泉、漳先民開拓北部的經過。板橋昔時原為平埔族之村落，論古蹟當首推家喻戶曉之全省最大住宅──林本源邸。此邸面積共有一萬七千三百三十一坪，分為「三落舊大厝」、「五落新大厝」、花園等三大部份。當年建築富麗堂皇，冠於全臺，詩情畫意，無與倫比。惜年久失修，亭臺樓閣大多傾倒，幾成一片廢墟。現違建戶已遷出，臺北縣政府正在計畫予以整修中。

　　第二次參觀目標為淡水、士林一帶。淡水一稱滬尾，先後曾遭西班牙人、荷蘭人佔領，亦為泉州人移民之地，是以古蹟甚多。當年西班牙人所建之聖多明哥城（俗稱紅毛城），現仍完整保存於前英國領事館官邸之庭院中。同治末年，加拿大長老會傳道士馬偕博士（George Leslie Mackay）曾到淡水佈道，創建理學堂大學院（一稱牛津學院 Oxford College），其古老建築，現仍保存於淡水工商管理專科學校校園中。比鄰之淡水中學校園內又有馬偕博士及其高足蕭大醇夫妻之墳墓。淡水開港後，一度為臺灣第一國際商港，洋行甚多，儼然租界之區，真理街古洋樓仍隨處可見。又滬尾古砲臺建於光緒十一年，中法戰爭期間曾予法軍極大打擊，頗可憑弔古戰場一番。此外米市古街道、汀州會館、龍山寺、清水祖師廟等亦有一遊之價值。士林芝山岩

留有城牆遺跡，為清季漳、泉分類械鬥之古蹟。日軍侵臺，曾於山巔之惠濟宮設學堂傳授日語，不久抗日民軍起義，盡殺日籍教員，而民軍亦悉數壯烈犧牲。今於其地塑有紀念碑，專供遊人憑弔。

　　第三次參觀基隆、汐止、暖暖一帶，為時一整日。基隆一稱雞籠，明天啟年間，曾為西班人所佔領，現和平島（社寮島）尚有一番字洞，即係西班牙人之遺跡。基隆市中正路大沙灣一帶，為中法戰爭時法軍提督孤拔（Amiral Courbet）登陸地點。當時在此戰歿之我國兵士頗多，今建有「民族英雄之墓」以供遊客憑弔。圍繞基隆市街之「海門天險」古堡，獅球嶺、月眉山等要衝，皆為當年抗法激戰之地，最具歷史價值。基隆市區之勝蹟尚有仙洞、開漳聖王廟、城隍廟、慶安宮媽祖廟等。仙洞除供奉菩薩之外，尚留有許多同治年間的古碣，頗具文獻價值。洞中冰涼陰森，尤增神秘之感。

　　每次參觀均備有擴音器以利說明。一手撐傘，一手握汽水瓶，就是林教授的註冊商標。但見他高大的身軀踩著一雙特製的大皮鞋，一

與四位輔導教授合影。
左起：王家儉、陳三井、陳聖士、王曾才、李發強。

馬當先，健步如飛。講時，口若懸河，汗如雨下，一副誨人不倦的樣子；而學員們右手拿筆，左手持筆記本，緊追其後，邊趕路邊速記，一副好學不怠的精神，構成一幅極為生動的畫面！

福山夜話—有問有答

　　為了發揮學員們自動自發，勇於發問之學習精神，以收相互切磋啟發，共同研習之目的，並於講課、參觀與分組座談之餘，安排「福山夜話」時間，讓學員們有機會將研習過程中所碰到的種種疑難問題提出來，求取解答。「福山夜話」於晚上飯後輕鬆氣氛下進行，由林衡道、王國璠兩位教授暨各位輔導員先生共同主持，無異是學生考問老師，從單向教學轉為雙向溝通的一項新穎嘗試。

台灣史蹟源流研究會的重要推動者，左起：陳中流、鄭心雄、林衡道、黃宇元、宋時選、鄭騰輝、洪敏麟、王國璠、陳三井。

與「台灣史蹟研究會之花」邱秀堂合影

民國68年10月24日，攝於溪頭年會。

這時學員們紛紛搜索枯腸，發掘難題，小自一個地名，大至一個歷史事件都在發問之列；從有趣的結婚風俗到嚴肅的一段考證問題都不放過。問者固然引經據典，當仁不讓；答者也旁徵博引，一副「泰山石敢當」的豪邁，真正是有問有答。問得好，可以引發大家的激賞和共鳴；答得妙，同樣博得滿堂的喝采與掌聲。智慧的火花，就在一問一答中連串爆出。儼然是孔子與門弟子的論學，好像柏拉圖對話錄的翻版。經過兩個小時無休止的問難質疑，證明了老師們畢竟經得起「考驗」，無愧乎鋼鐵陣容！尤其林衡道教授的博聞強記，就像一部臺灣史蹟的百科全書，令學員們敬佩不已！

福山之夜─依依惜別

「偶然，就是那麼偶然，讓我們並肩坐在一起，唱一首我們的歌。縱然不能常相聚，也要常相憶，天涯海角不能忘記」。是偶然，也是興趣，讓我

們學習在一起，生活在一塊。猶憶前日才匆匆相聚，還記得你我剛剛認識，如今就要分手別離，為了讓學員們珍惜這一段共同的回憶，特於結訓前夕，假福山之麓—銘傳會址，舉行一次名為「福山之夜」晚會。由學員們自己籌備，分組合作演出，節目有合唱、詩歌朗誦、對口相聲、山地歌舞、歷史短劇和輕鬆笑料等，十分精彩，尤其「霧社事件」一劇，演出認真，悲壯感人。歌聲唱出年輕人的澎湃熱情和依依惜別之意，令人永遠懷念，終生難忘！晚會的成功演出，不僅是個人橫溢才華的發揮，也是團隊精神的最高表現，更是學員們與工作同仁感情交流融洽的象徵。

結語

前後兩期，為時十八天的冬令自強活動「臺灣史蹟研究會」雖然暫時結束了，但青年朋友們研習臺灣史蹟的熱情和興趣方興未艾。一粒粒的種子撒向全省每一個角落，分散在四方；接棒有人，研究活動將由此蓬勃展開。今後更盼將研習對象擴大到社會每一個階層，也深切希望以「臺灣史蹟研究會」為起點，於將來光復大陸後陸續舉辦福建史蹟研究會、廣東史蹟研究會、浙江史蹟研究會、湖南史蹟研究會……在全國各省蔚成研究鄉土史事的風氣，由探討鄉土史事進而熱愛鄉土，從而激發愛國家愛民族的高尚情操，全國上下無分畛域，一心一德，共同為國家的富強康樂而努力奮鬥！

最後僅錄研習學員們贈與會本部的兩幅字畫，做為本文的結束：

濟濟英才共一堂，莫非煮酒論英雄；

史篇充棟堪玩味，回首福山意氣昂。

士林盛會第十屆，為時十日，十全十美。

史蹟探源聚一堂，目標一致，一德一心。

（原載《近代中國》 第1期，頁115-119，民國66年3月29日）

第二章

尋根到澎湖

──臺灣史蹟研究中心
澎湖史蹟勘考團活動側記

楔子

　　古人曾説，「讀書萬卷，不如行路千里」，可見實地勘考與博採周諮的重要。讀書人於長年埋首書齋，學者們在研究室孜孜的鑽研之餘，若能起而行，走出書房、研究室，邁向象牙塔以外的繽紛大千世界，多看多問，與平日書本研習所得相互印證，當會有「百聞不如一見」的感嘆和欣慰！

　　筆者半生有幸，已出國多次，足跡遍及歐洲及東南亞諸邦，除飽覽各國湖光山色外，亦欣賞各地不少文物古蹟與民俗風情，其間亦曾效法十五世紀葡萄牙人狄亞士（Bartholomeu Dias）續航非洲好望角（Cape of good hope）的壯舉，飽嚐風浪顛簸之苦與海上長途旅行的暈眩落寞。但於朝迎旭日東昇，夕觀落日餘暉之餘，亦真正領略到海洋的壯闊，與乎大自然的神奇奧妙！

　　遺憾的是，近十幾年來，由於工作的關係，與台灣近在咫尺的澎湖群島，反而始終

無緣一睹其廬山真面目，只好看看風光照片，臥遊一番。所以一聽說臺灣史蹟研究中心將組團前往澎湖考古，內心的興奮實非筆墨所能形容，簡直與第一次出國的激動，並無分別；而對於澎湖文物古蹟的嚮往，對於此行的新奇與期待，更不下於當年續航好望角的壯舉。

從松山到馬公

　　台灣史蹟研究中心澎湖勘考團的組成，可以說就是台灣史蹟源流研究會的實踐與擴大，至少它具有兩點時代的意義：第一，這是一支尋根的隊伍──澎湖乃是我中華民族開拓台灣的第一站，比台灣保留更古老更豐富的古蹟，所以目前是探尋台灣與大陸地緣、血緣、歷史、文化等關係的最佳去處；第二，這是一支堅強的筆隊伍──為了擴大影響，激發國人愛鄉、愛國的情操，特邀請大眾傳播界人士，尤其各報記者共襄盛舉。

　　澎湖勘考團由臺灣史蹟研究中心主任黃宇元、總幹事王國璠擔任領隊與副領隊，行政院政務委員、台大教授暨人類學家陳奇祿為名譽領隊，救國團總團部主任潘振球亦因事同行，擔任隨隊顧問。團員分三部分人員組成，第一部分為學者專家，有尹建中、李光周、曹永和、曾迺碩、徐玉虎、王啟宗、黃耀能、黃有興、吳基瑞、陳三井等十位；第二部分為通訊社、電視臺暨各報社記者，有吳元熙、邱勝安、湯健明、沈依婷、陳月卿、陳長華、盧惠馨、林淑蘭、徐平國、程榕寧、陳宏、潘行一、林銘忠、張祖安等二十一位；第三部分為陪同人員暨聯絡服務人員，有史濟鍠、寧恩庸、邱秀堂、史宏陸、陳中

流、葉美美等十位。全隊一行共四十二人，配搭整齊，堪稱陣容堅強
而浩大。

四月九日，天高氣爽，風和日麗，這真是個出發前往澎湖的黃
道吉日。早晨七時半未到，四十二位團員即已齊集松山機場，無人遲
到，充分表現出團隊精神。

華航班機於八點二十五分準時起飛，轉瞬間，澎湖群島已赫然在
望，可惜由於馬公機場附近雲層過低，濃霧影響視線，以致飛機俯衝
多次均以安全理由不便降落，最後迫不得已只好直飛高雄等候消息，
幸途中接獲機場通知，濃霧已散，遂再折回，終於順利降落。全體團
員雖經此一小意外，但都能保持鎮定，沒有絲毫驚惶，只時間略有耽
擱，不免讓澎湖各界到機場迎接的人士空自焦急與多所等候。

下機後，大隊人馬行裝未卸，即開往縣政府，拜會謝有溫縣長
及全省唯一的女性縣議長許素葉，並出席歡迎會，與澎湖各界人士見
面。會後，由尹建中教授放映澎湖古蹟幻燈片，以加強瞭解。中午，

全體勘考團員在澎湖合影

謝縣長以海鮮席招待大家，場面極為親切熱鬧。午餐後，將行李安置豐國大飯店，即展開三天緊湊而有意義的勘考活動。

三人行必有我師

　　入境風俗，古有明訓。這次澎湖勘考團之抵達澎湖訪問，當然也要借重當地學者專家的大力幫忙和協助。很幸運的，本地有三位老師自告奮勇的提供了這項服務，他們是馬公高中教師陳知青、西嶼國中校長陳耀明、中正國小教師洪瑞全。這三位對澎湖歷史與古蹟有深入研究的老師，為了幫助勘考活動，特別向學校請假，有的暫時放下公務，有的請人代課，從清早到深夜一直作陪。他們事前既要預備資料，研究參觀路線，而且還要自備擴音器，沿途為大家作各項說明，答覆所有問題。這種犧牲奉獻、熱誠服務的精神，實在令人感動。

　　為了把握時間，四月九日下午即展開參觀古蹟活動，先看馬公市區部分，全體人員分乘兩輛由澎防部提供的交通車，在三位真正「導遊」的引導下，先後參觀了天后宮、觀音亭、順承門、施公祠、萬軍井、四孔井、孤拔墓址、文石書院等古蹟。其中天后宮的創建年代雖有不同說法，但此為全台灣最古老之媽祖宮，應無疑問。可惜年久失修，破損不堪，觀光局現已委請台大規劃完成，預定於本年內在原址依原型原貌予以重建，以維護古蹟。

　　翌日（十日）下午，先到湖西鄉參觀許厝家廟，瞭解許姓遷澎湖的歷史。繼至通梁村瞻仰三百年的大榕樹，並欣賞連接白沙與西嶼兩鄉交通的跨海大橋的偉大。中午在馳名中外的清水飯店（店東祖孫三代

分別以呂酒甕、酒瓶、酒杯取名）吃海鮮。下午在西嶼鄉活動，先後參觀了西台古堡、假砲、西嶼燈塔，也欣賞了澎湖八景之一的「西嶼落霞」。當夕陽將墜入藍色海波的時候，朵朵烟花流雲，五光十彩，金黃如琥珀，青翠如碧玉，淡綠如少女彩帶，澄藍如美人之碧眼，燦爛奪目，氣象萬千，構成一幅美麗的圖案。

第三天（十一日）上午抵龍門，考勘日軍登陸地點，並參觀林投公園，憑弔國軍公墓。下午到蒔裡勘察法軍登陸處。除了考勘古蹟外，勘考團並抽空訪問講美村的「中南半島難民接待中心」，對於難民們的悲慘遭遇深致同情，而於政府的妥善照顧，亦留下深刻印象。

座談會紀實

按照行程，史蹟勘考團到達馬公的第二天晚上，有一個座談會，以「澎湖在歷史上的地位」為題，與澎湖各界廣泛交換意見。座談會於十日晚七時，假縣立圖書館閱覽室舉行，由陳政務委員奇祿，謝縣長有溫聯合主持，澎湖縣文獻委員會全體委員及各報記者均曾出席參加。首先，陳政務委員在致詞中，向全體與會人員說明澎湖在台灣與大陸間的地位與關係，特別是在文化與歷史上所具有的重大意義。

接著，進行引言報告，由五位當地的專家學者各作十分鐘的口頭報告。《澎湖史略》與《澎湖史話》作者、澎湖縣文獻會委員陳知青首就澎湖的歷史地位作一分析，並建議有關單位能重視澎湖在歷史、文化、軍事、戰略上的地位，並劃分澎湖縣為特別軍事行政區。莊東委員報告澎湖古蹟古物散失的原因，並說明目前澎湖縣已散失的

古蹟地址，他希望政府能有效保存澎湖古蹟，維護古物，以奠定澎湖在歷史上的老大哥地位。中正國小洪瑞全老師就澎湖地質的演變及其與大陸沿海各省的關係為題，作了扼要報告，並根據他親身探勘的結果，指出澎湖縣島嶼的正確數目應為八十六個，而不是日人所記載的六十四個，這一點希望縣府能予重視，而加以更正。西嶼國小校長陳耀明對新近出土的「氿泉井」石碑作了一番考證報告。最後由許春波校長，對澎湖許家厝的來歷作了一番尋根的探索。

報告完畢，勘考團的王國璠、尹建中、李光周、曹永和、曾迺碩、王啟宗、黃耀能等幾位先生都先後發表了高見，至九點四十分座談會圓滿結束。

從傳統到現代

大致而言，澎湖的古蹟保存得相當完整而豐富，至少民間古宅依舊完好無損，有時全村就是一個古蹟區，保持閩南建築的傳統風貌，這在臺灣是較難得一見的。

澎湖過去的開發雖比臺灣為早，但由於自然環境與交通條件的限制，它的各項建設與工商業發展，顯然趕不上臺灣本島，尤其至今沒有一所高等學府，因而造成人才外流，人口銳減的現象。

不過，在澎湖，特別是馬公鎮，近幾年的地價也像臺灣一樣，跟著大幅上漲。地皮上漲，對於古蹟的保存恐怕是害多於益的，中央街的情形就是一個最好的例子。中央街係施公祠等眾多古蹟滙集之地，但街道狹小，妨礙交通與市容，當地文獻會站在維護古蹟的立場，當

然希望整條街能夠保存下來。而中央街的居民以及若干地方人士，基於都市整體發展或現實利益的觀點都主張予以拓寬改建，如此可以身價陡漲，一夜之間成為大富。所以說，傳統與現代，古蹟保存與都市發展兩者之間，恐怕是不易協調，難以並存的。

倒是，我們在白天參觀古蹟，遨遊於傳統寺廟之餘，晚上却也欣賞到表現現代澎湖的一面。緣澎湖有一家新開張的勝國大飯店，樓高十層，頂樓兼營歌廳，在中央社駐澎湖特派員左化鵬兄（係筆者高中校友學弟，輔大畢業）的盛邀下，與吳元熙、邱勝安、湯健明等幾位先生做了座上客，欣賞了一場不知歌星大名的歌唱演出。座中偶見幾位穿草綠色軍服的阿兵哥進出，平添幾分戰地風光。聽完歌，左兄又堅持請大夥兒喝啤酒吃海鮮宵夜，興盡始歸，為寧靜的馬公街頭，多添了幾位將醉未醉的夜歸人。

澎湖印象述感

澎湖之行，大體言，是有收穫而且愉快的。其中有幾點特別深刻的感想，不能不說。

澎湖人少、汽車少，是個沒有空氣污染，沒有噪音的地方，那兒看不到橫衝直撞的計程車和疾馳而過的摩托車，這真是澎湖人之福。我也特別注意到，一般住家附近，道路和水溝都清掃得很乾淨，可見居民公共道德之高。

一般而言，澎湖的民風依然純樸，社會風氣十分良好，據左化鵬兄相告，幾年難得發生一件兇殺案。那兒沒有成群結黨、游手好閒、

惹事生非的不良少年，也看不到強佔人行道，窮兇極惡的流動攤販。

令人難忘的是，那兒的人情味特別濃郁，撇開謝縣長、許議長等人的兩次親臨機場迎送，各機關團體和朋友的熱誠招待不談，即從旅館到商店，甚至一般行人，無論識與不識，都表現出應有的禮貌與相當的熱忱，沒有都市人的勢利眼，沒有商賈的市儈氣，令你真正有賓至如歸的感覺。

更值得一提的是，那兒還有一群出力最多，服務最週到的幕後英雄─澎湖團委會的弟兄們。沒有總幹事秦金生和一群青年朋友的精心安排和熱誠服務，我們那有豐碩而愉快的收穫？臨上飛機前的拜訪和簡單茶會，團委會還特別贈送每人兩大包澎湖特產─花生，禮雖輕而情重，使人再一次感受到澎湖人情的溫馨！

總而言之，澎湖之行，是令人懷念而又值得再三感謝的，那兒確是個純淨而健康的世外桃源，令人無限嚮往！在澎湖年輕的一代都紛紛遠離故鄉，到臺灣本島奮鬥、闖天下的今天，我倒很願有機會到澎湖去，在那兒尋根、生根！

（原載中華民國台灣史蹟研究中心出版之《史聯雜誌》創刊號，
頁52-55，民國69年12月1日）

第三章

回首福山意氣昂

結緣

「偶然，就是那麼偶然，讓我們並肩坐在一起，唱一首我們的歌。縱然不能常相聚，也要常相憶，天涯海角不能忘記」。誠如這首歌所言，是偶然，純粹是偶然，讓我這個本來與臺灣史沾不上邊的人，卻與臺灣史蹟（源流）研究會結下一段不尋常的緣份，雖然歷經數十個寒暑，但至今依然緣盡情未了！

打開記憶的扉頁，往事歷歷如繪，一幕又一幕重現在眼前。話從民國六十四年說起。那年的八月，我由中研院借調淡江文理學院為約聘教授兼歷史系主任，也擔任史四的班導師，因而認識了當時在班上甚為活躍且在臺北市文獻會打工的邱秀堂同學。淡江那時已開有「臺灣史講座」，由周宗賢先生主持，分別洽請專家學者輪流到來作專題演講，我沒事偶而也去捧過一、二場。印象中，臺北市文獻委員會執行秘書王國璠先生

曾在第一學期來講過一次，我們曾在系辦公室匆匆見過一面，但恰好有事並未前去聽講。

到了那年十二月底，正當我教學與研究兩忙又為借調事被「整」得焦頭爛額之際，邱秀堂同學打電話給我說，由臺北市文獻會主辦，救國團協辦的冬令自強活動臺灣史蹟研究會，要我擔任研習組長。我因不清楚工作的性質，所以未置可否。過了新曆年假，我到淡水上班，邱小姐來看我並重提此事。我自忖不研究臺灣史，又有國科會的計畫在做，淡江的系務也要兼顧，所以實在無法勝任，便拜託邱小姐先行轉達。其後在電話中直接向王執行秘書報告，也以此三點理由力辭。但國老（這是後來眾多輔導教授對國璠先生的尊稱）表示，這只是掛名而已，可以有空才去，不必夜晚與學員一起宿營，並保證絕不會給我帶來任何的不方便。其語氣之誠懇，態度之和藹，令人有如沐春風之感！他甚至祭出法寶說，救國團宋時選執行長已經同意（不管事實果否如此，可見國老確有一套高招妙計），令我受寵若驚。不久，學期結束，開始放寒假。

農曆初三晨，我禮貌性的打電話向王先生拜年，意外獲知這個研習組長的名義並沒有推掉。王公（這是一般服務同學對他的尊稱）甚至傳話過來，立即專程來南港舍下「移樽就教」。擋駕無效，只好肅等，至十點半，王先生果然大駕光臨，這次是由他當過籃球國手的兒子王耀煌（即電影名星王祖賢的父親）親自開車送來。王先生一進門，除了贈送《中原文化與臺灣》、《臺灣先賢著作提要》兩本大著外，手裏還拎了一大籃的橘子，並有備而來的送給小犬小女三個大紅包，如此屈駕枉顧，如此多禮，如此盛情厚意，叫一個年輕晚輩如

何敢當？他當場拿出已排印好的課程表給我看，其中有我主持的一場分組座談，一切似已成定局，不容我再推辭，讓我沒有不識好歹再說「不」的餘地。這就是王公的行事作風，他真正禮賢下士，待人既厚又寬，雖然自知無才無學，但也不禁興起「士為知己者死」的意念！就這樣，王國璠先生把我這個門外漢，引進臺灣史的高牆厚院當學徒，就這樣，我與臺灣史蹟研究會結緣。

投入

「師父引進門，修行看自己」。我第一次參與臺灣史蹟研究會的工作，地點是在士林的銘傳商專。銘傳位於福山之巔，從南港去要轉兩、三趟公共汽車，上山、下山交通頗為不便，而會裏的公務車有限，我儘量不願也很少勞動專車接送。

這一期的冬令臺灣史蹟研究會，仍分大專學生組與教師組兩個梯次，前後為時兩週，由於淡江提前開學，造成嚴重的時間衝突，所以我這個研習組長真正露面的機會並不算多。但當看到每一位工作同仁都那麼賣力，那麼投入，我自己也不好偷懶。除了有空便去聽課學習外，也曾隨隊參觀過淡水、新竹等處古蹟。以後，在本會副主任王國璠先生的充分授權授意下，也漸獲處理一些比較有意義的工作。例如：

——在講座講課前，由我先用幽默感性的話開場介紹，一者拉近主講人與聽講者之間的距離，一者引發動機和興趣，聞此舉尚受學員們的歡迎。

粉墨登場，笑果不錯。

　　──分組討論的題綱：「如何加強臺灣文物與古蹟的維護」，由我先行草擬，再送呈王先生過目訂正，即成為往後各期沿用的定章。

　　──綜合討論是每一梯次結束前的重頭戲，形同工作檢討會。主辦單位有時顧慮少數學員會開砲，批評尖刻，造成尷尬場面。所以往往由我出面，以「客卿」身分非正式的召集各組代表或重要學員先做溝通，提醒大家不要忘記主辦人員的辛勞，多說鼓勵的話；盼望他們就事論事，不做無謂的批評或全盤性的否定。結果，學員們的發言雖踴躍，但意見中肯，氣氛和諧，沒有難堪的場面出現，使列席的各界長官也大表滿意！

　　研習組長的好處，在於沒有上課的壓力和挑戰性，就像一支棋橋隊的不出賽隊長一樣，可以冷眼旁觀，充分享受觀棋不語的樂趣！事實上，以我當時對臺灣史蹟的一點點「造詣」，絕不會有任何企圖心想登臺一獻。可是「人在江湖」，往往「身不由己」，最後還是被拖下水，難逃「粉墨登場」的命運！

第一次是在六十七年夏令史蹟源流研究會，也許出於王國老的美意，他不忍見我老坐冷板凳，為人作嫁，堅要我這個還在修道的學徒，也要上臺歷練一番！經商量結果，於是推出「微量級」的一道小菜──「臺灣革命先烈事蹟簡介」，算是我的「鶯」聲初啼。事後，我自覺在內容上沒有什麼吸引人之處，也與某些課程有所重複，所以第二年便自動叫停，成為史蹟會最短命的一門課。

在會友年會上

無奈例子一開，後患便無窮。史蹟會有一門很叫座的課──「國民革命與臺灣」，歷年來都由黨史委員會副主任委員李雲漢教授擔任，他聲調高亢雄渾，上課不看講義如數家珍一氣呵成，令我嘆服不已！不料，這門課竟然落到了我的頭上。原來，六十九年十月，我應近代中國出版社之命，出版了一冊以圖片為主、文字為副的《國民革命與臺灣》，雲漢兄見有「機」可乘，便以工作忙為由，逐步把它在革命實踐研究院、史蹟會主講有年的這門課讓出，一

接受黃宇元主任頒獎

定要我接棒。就這樣從七十一年暑期史蹟會起，我便正式開講「國民革命與臺灣」一課。可是講了幾期之後，覺得老開留聲機沒意思，便堅拒再講。聞這門課現尚乏人承接，使它成為「絕響」，對我這個史蹟會的「逃兵」而言，又多了一項「罪名」！

耕耘

　　民國六十六年臺灣史蹟研究中心的設立，對提昇臺灣史蹟研究是個重要的里程碑。有關該中心的設立宗旨與經過，當有很多鴻文敘及，在此不敢僭越多述。

　　臺灣史蹟中心成立之後，承國璠先生的好意，我又掛名為研究組長。在臺北文獻會負責輪值的頭幾年，於國老抱病從公不眠不休的策劃下，史蹟中心至少做了幾件頗有開創性的工作，值得一述：

一、舉辦澎湖史蹟勘考團

　　民國六十九年四月九日至十一日，在中心主任黃宇元的率隊下，組織了一支結合學者專家與新聞界共四十二人的勘考團到澎湖實地勘考古蹟，並以「澎湖在歷史上的地位」為題，與澎湖文獻界舉行一次座談會。（詳閱拙作：〈尋根到澎湖〉一文）

二、創刊《史聯雜誌》

　　當國璠先生提出為中心創辦刊物的構想時，幾位常與王先生聚晤的輔導教授，如王曾才、陳捷先、陳聖士、王家儉和我都舉雙手贊成。我還建議以古蹟照片做為雜誌封面，創刊號所選的淡水紅毛城，

便是精挑細選的產品。我也為第一期
寫了一篇〈尋根到澎湖〉，報導澎湖史
蹟勘考的經過。《史聯》因人事上的一
些困擾，在臺北僅出刊一期（六十九年
十二月）便告中斷。其後，由省文獻會
接辦，始於七十二年一月續出第二期。

三、編纂《鄭成功全傳》

　　臺灣史蹟中心最有意義的一件工
作，可能就是《鄭成功全傳》一書的編
纂。本人掛名總纂，承國璠先生之囑，
約集了王曾才、張勝彥、陳捷先、李
國祁、黃富三、陳聖士、王國璠、周宗
賢、王家儉、林麗月、吳密察、邱秀堂
等學者專家，共同完成了迄今為止最為
詳瞻的一部鄭成功傳記。我也義不容辭
的撰寫第四章「驅荷與開臺」，並負起
全書的整合與細校工作。書出版後，頗
獲海內外學界、文獻界的好評，本書監
修兼審查人林衡道教授也從學術觀點予
以肯定。大家的辛勤耕耘，總算沒有白
費。

《史聯雜誌》創刊號

林衡道教授帶隊參觀板橋林家。

尾聲

　　回顧那段忙碌而又多采多姿的日子，我很慶幸能與臺灣史蹟源流研究會結緣，也無怨無悔的參加了臺灣史蹟中心從北到南的各項年會活動，分享大家的快樂，也體驗到各種辛酸、無奈。隨著個人年華的逐漸老大與與工作上的壓力，不得不硬下心腸強迫自己做個史蹟會的「逃兵」。當告別史蹟會講壇之日，一向對我獎掖有加的國璠先生曾親筆一揮，鄭重送我兩副字聯，上聯是「居以志養，仕以祿養」，下聯是「德為人師，學為經師」。雖感愧無名，但心實嚮往之。我特別把它裱好，懸掛在研究室大窗的兩側，一方面做為紀念，一方面隨時惕勵自己。七十九年七月，北區史蹟源流研究會在臺北公訓中心的慶祝二十週年紀念會上，我也與眾講座同獲頒一座「承先啟後」的銀牌，為自己的史蹟會生涯劃下一個美麗的句點。

　　回首前塵，因篇幅有限，無法盡述。最後，我想藉這個機會，對每一位曾經一同工作過的伙伴，表達最誠摯的感謝之意與思念之情。雖然我無法在這裏一一點名，但內心裏將會永遠銘記：我們一同度過的美好時光。讓你我再同唱一遍我們的歌：「縱然不能常相聚，也要常相憶，天涯海角不能忘記！」

（原載中華民國台灣史蹟研究中心編印之《台灣史蹟源流研究會創辦二十週年、台灣史蹟研究中心設立十五週年紀念特刊》，頁27-30，民國79年11月）

第四章

回憶那一段走過的崎嶇道路

路是人走出來的，人生便是一連串永無休止的戰鬥和考驗；而考驗要在艱苦惡劣的環境之下，才更能顯出它的真正價值。西諺有云：「在風平浪靜的大海，訓練不出優秀的水手。」我們也可以說：「在平坦的道路，考驗不出旅人的意志和腳力。」空中大學的成立，對於全體工作同仁來說，便是一段漫長而崎嶇不平旅程的開始。

一年前，為了迎接人生的一次新挑戰，不顧朋友的忠告，無視親人的反對，我毅然接受了莊懷義校長的誠摯邀請，走出寧靜的南港學園，勇敢的投入空大的行列，負起人文學系的責任來。

空大第一課──馬拉松式會議

空大從民國七十五年二月懷胎（籌備），歷經八月陣痛（正式成立），到十一月二日的呱呱墜地（開學），前後不過短短的九個月時

去的歲月

間，稱得上是個早產兒。依據空大的行事曆，不管時間如何緊迫，必須在十一月二日如期播出，所以大家一方面要全力以赴籌製節目，一方面還要以有限的人手，立刻自辦一次規模說小不小，也有三萬六千多人報考的招生。這真是一道「只許成功，不許失敗」的試金石！

就因為這個緣故，剛口頭答應莊校長，還未收到聘書，尚未走馬上任，到空大的第一大事，便是提前投入辦理招生的工作。猶憶七月三日那天，招生委員會快馬加鞭的成立，我是當然委員之一，並負責督導命題與閱卷組的工作。那時有關招生的會議，一個星期總有二、三回之多，通常都排在氣溫高漲的下午舉行，好在會議室裝有冷氣，不致飽受炎夏的煎熬。由於有一大堆的法規和章程要釐訂，有很多的經費預算待討論，以及不少的試務要協調，所以會議一開，往往連續五、六小時，一點不稀奇，真正到了挑燈夜戰，緊鑼密鼓的階段。會後，幾次自掏腰包坐計程車回家，面對殘羹剩肴，難免會有心力交瘁

馬拉松會議（一），站立者為莊懷義校長。

馬拉松會議（二），筆者正在發言。

的感覺！

空大成立伊始，千頭萬緒，百廢待舉，一切典章制度必須趕快建立，特別是與傳統大學有別的創校風格也亟待樹立，而這些都有賴每週一次的行政會議來運作。行政會議由各一級主管出席，人數不過十二、三人，後來固定在每週四上午九時舉行。這個例行的會議，對每位出席人的「坐功」是極大的考驗！由於有待反覆討論的議案甚多，因為不斷有新狀況產生必須交換意見即刻解決，所以一個會開下來常常不到下午一、二點鐘很難結束，有一次甚至締造了到下午四點半才散會的紀錄。這種馬拉松式的會議，雖然令人吃不消（大家只得輪流作「尿遁」），但它已形成為空大精神的一項特色，至少它發揮了充分交換意見，集思廣益的教授治校功能！

空大業務研習會，大家排排坐。

空大業務研習會，筆者正在報告人文學系業務。

聘教授，苦經多

身為人文學系主任，最大的責任就是聘請若干語文選修科目和本系所開課

追隨莊校長訪視澎湖學習中心
參觀西台古堡

參加空大自強活動

程的學科委員（電視或廣播主講老師），這件事表面看來很容易很單純，但實際做起來却頗不簡單，以後甚至逐漸變成一件苦差事！何以故？

第一，空大的學系，實質上有傳統大學的學院內涵，包含甚廣。它的課程設計，以科際整合為導向，以通識教育為基礎，又分成幾個不同的「學群」，如人文學系有文學、歷史、哲學、藝術、新聞傳播和其他六大類，每個「學群」大致包括四至七門相關的課程。雖則同屬人文學的範圍，但在講求專精化與分工的今天，一個人實在很難對不同研究領域的教授之專長和造詣有真正客觀的瞭解，因此如何為學生聘請到各科最合適的教授，便有認知上的相當困難。

第二，空大自身的專任教授有限，師資自然有待外求，這也是善用和借助各大學與學術機構人力資源的一著妙棋。問題是，一般大學的教授對空大的系統化教學普遍感到陌生，缺乏心理準備，因此本身的適應和配合都有待加

強。有的教授則對電視教學所要付出的時間和精力，表示不敢「領教」，以免一失足，掉入「無邊苦海」；有的人對空大所作的各項要求和所能提供的相對報酬（如版稅與重播問題）頗有意見，因此也興趣缺缺。

第三，一般大學的名師或新秀，幾乎人人都相當忙碌，各有各的研究和寫作計劃，外務稿債一大堆，雖有心拔刀相助，投入空大的教學工作，但實在分身乏術，最後只好彼此「心領」了。

基於以上三點說明，可知要請到理想的人選並不太容易。聘請老師，要靠「平時燒香」，套交情，賣面子，說好話，甚至打躬作揖多拜託；「臨時抱佛腳」，拉關係，是急不來的！我想，假以時日，各界對空大的瞭解增多之後，問題或比較好解決！

出發前

參加空大健行活動，大家笑得好開心！

救「火」補「洞」，三位一體

即使聘好了教師，並非就此可以高枕無憂。系裡所聘的老師如果個個負責

參加空大文康活動

一年借調期滿，歸建前的歡送茶會。

與莊懷義校長合影

盡職，教材編纂組少打幾通電話，少跑幾趟路，便可以手到稿來，皆大歡喜！同樣的，教學節目處也可少磕幾個頭便拿到腳本，高高興興安排老師進棚錄影，不傷感情！

問題是，世事的變化有誰能逆料？試問，忙上加忙的教授們，有幾個能在短短的期限內準時交出一、二十萬字的教材？有幾人在編撰教科書的同時，又寫腳本，又要進棚錄影，而不叫苦連天？何況人是吃五穀雜糧長大的，難保不感冒生病，一生病，自然便影響進度。所以一般説來，空大有二怕：一怕教師遲遲不交稿；二怕教師生病或出國，錄影不及，造成「開天窗」。只要一有上述狀況發生，前者是教材編纂組心急，後者則是教學節目處緊張，而系裏承受來自兩邊的壓力，同樣不得輕鬆！只要那裏有「洞」，自校長以下，大家合力想辦法補救；經常是那邊「失火」，三「位」一體，共商救「火」之道。一年的日子，便在補「洞」救「火」的緊張狀態下渡過！

結語

俗話說：「羅馬不是一天造成的！」一年只不過是一小步，不值得誇耀什麼，但至少證明它通過了考驗！回顧過去，我很榮幸能為空大的奠基工作添上一磚一瓦，我也不後悔曾經走過的那一段崎嶇道路。最後獻上旅人的衷誠祝福，願空大有更美好的未來！

（原載《空大學訊》第6期，頁61-62，
民國76年7月）

與李文瑞教務長（歸建台大）和四位美麗的女助教、秘書合影。

空大同仁歡宴莊校長夫婦後合影

第五章

喜結三緣：書緣、出版緣、人緣

一、

　　民國四十五年九月，我從中部鄉下來到臺北上大學，那已是將近四十七年前的往事了。對於涉世未深，剛要進入知識殿堂的我來說，那時重慶南路的書店街，無疑是開啟我走向歷史知識寶庫的一把重要鑰匙，更是日後我不斷藉以汲取新資訊、尋找新靈感的一扇重要視野之窗。幾家老字號的書店，像正中、商務、中華、世界，還有新開幕不久的三民，都是我課餘經常光顧，流連忘返的地方。像知心的朋友一樣，它們陪伴了我走過數十個年頭。

　　曾幾何時，書店街已起了滄海桑田的巨大變化。有的老店新開，門面卻越開越小；有的已走進歷史，不復存在；唯獨三民書局，不但總店不斷擴充，更在復興北路興建美輪美奐的書城。假日暇時，它是我常逛、必逛的書局。遇有外國學者來臺想一親書店

《三民書局五十年》

芳澤，我一定優先陪他或介紹他去三民書局。「三民叢刊」有我百讀不厭的文學經典作品，「滄海叢刊」、「大雅叢刊」、「中國現代史叢書」是我們學文史的人不能不注意收藏的範疇。我喜歡三民的是，它展書豐富齊全、分類清晰易找、光線舒適明亮，以及服務態度親切，常令人有滿室書香、賓至如歸的感覺。

二、

　　從讀者到作者，由購書人變成有書在三民出版，這是從來沒有想過的事情。我前後共有三本書在三民出版，都是屬於專業研究的冷門書。第一本書名為《勤工儉學的發展》，是透過鄭彥棻先生介紹的，列入「滄海叢刊」，於民國七十七年五月由東大圖書公司印行。本書共收論著、譯作及評述十一篇，從不同角度探討民初歐戰前後留法勤工儉學運動的倡導、發展與演變過程。

　　出書的人常有「食髓知味」的心理，接著我又將《近代中法關係史論》

一書交給書局，於民國八十三年一月列入「大雅叢刊」出版。這是個人比較滿意的一本書。是書從四個方面論述近代中法關係的演變：

1.法人殖民思想的根源和特徵；2.法國對華政策及其在辛亥革命過程中所扮演的角色；3.中國派遣華工參加歐戰的經過、貢獻及戰後出席巴黎和會所受到的不平等待遇；4.從民初到一九六四年中法斷交為止，雙方的文化交流和外交關係。套一句「老王賣瓜」的話，自認這本書的出版，可以填補國內學界在專門論述近代中法關係方面的空白。

不久，我又再接再厲，「敝帚自珍」的把多年來研究上海的筆耕紀錄，以《近代中國變局下的上海》為題，交付書局列入「滄海叢刊」，於八十五年八月問世。內容主要描繪上海城市的發展軌跡，租界華人參政奮鬥的過程，新式商人的經營理念以及淞滬抗戰期間上海人全力抵禦外侮的可歌可泣故事。有了此書，使得我同年首度「登陸」上海，與上海研究的眾專家交流時，真正發揮了「以文會友」的效果。

與李玉貞教授合照於廣州

民國85年7月，王永祥教授訪近史所，與同仁餐敘。

陪王永祥教授拜訪國史館。左起：副館長朱重聖、王永祥、陳三井，館長潘振球。

與王永祥教授攝於北戴河

「己所欲，施於人」，鑒於三民書局出書態度嚴謹和品質保證，個人有幸除曾與它結下出版緣外，一有機會常鼓吹朋友也把書稿交給三民出版，甚至偶爾也直接或間接不自量力的扮演「介紹人」的角色。蘇聯解體後，俄共與中國革命秘檔的解密與編輯出版，一時蔚為風潮，柏林自由大學東亞所的郭恒鈺教授對此有很大的貢獻。我曾把中國科學院近代史研究所李玉貞女士所翻譯的《聯共、共產國際與中國（一九二〇～一九二五）第一卷》一書介紹給東大出版，使得臺灣出版界在俄共檔案解密風潮中並沒有缺席。

又南開大學的王永祥教授從事《雅爾達密約與中蘇日蘇關係》專書的寫作，曾數度赴莫斯科搜集俄國資料，也來過臺灣，浸淫於國史館的大溪檔案，終於完成書稿四十萬字。經我的鼓勵和慫恿，他始終以交給三民出版作為第一選擇。後來，透過張玉法兄的介紹，三民已同意列入張氏主編的「中國現代史叢書」出版。不幸，王教授因操勞過度

猝死，出版進度為此一度中輟。聞年後已重新啟動，近日即可出書，稱得上好事多磨。該書能夠在三民出版，乃王教授畢生最大的心願！個人有幸能夠為王教授的心願略盡棉薄，或亦可稍微告慰故友在天之靈！

三、

除了買書緣、出版緣之外，筆者有幸也與劉董事長振強先生有數面之緣。劉先生幽默風趣，平易近人，他對學術文化的真誠和執著、對學者的尊重和禮遇，環顧國內外出版界恐已不多見。

劉先生似乎不太喜歡應酬交際，但看來他比較願意與學者們親近。復興園的幾次召宴，宴請的對象多為文史學界的一些老朋友，個人也曾忝陪末座。席上，劉先生往往談笑風生，不分親疏，不問大小牌，照顧到每一位座上客，真是一個令人不會感覺被冷落的好主人。

無事不登三寶殿，記憶中為了介紹別人出書的事，曾有多次機會到復興北路的辦公室去拜訪他。印象最深刻的一

俄羅斯高黎明（葛雷哥里耶夫）教授
來台訪問時合影

次是陪李玉貞女士去見他，他除了殷勤接待並很快敲定出版之事外，特別引導我們參觀那投資十分昂貴而又先進的電腦部門，以及獨一無二的造字房。要想成為具規模現代化的出版社，這兩項重大投資必不可缺，可見先生的眼光和魄力！

還有一次，俄國學者高黎明知道三民為李玉貞出版《聯共》一書，追蹤來臺，希望三民也能支付一點檔案使用費。我是牽線人，只得帶他去面見董事長。劉先生委婉的表示，出版這種史料翻譯書，純粹服務性質，並無利可圖。最後，主人爽快的另付一些費用，讓客人滿意而歸，而輕鬆擺平了這一樁翻譯權的小爭議。

（原載逯耀東、周玉山主編之《三民書局五十年》，頁279-282

，民國92年7月出版）

就讀員林中學

民國四十五年我畢業於彰化縣的員林中學，那時候員林有兩所中學，其中一所是我就讀的省立員林中學。我初二時，洪樵榕先生接任員林中學校長。洪校長是南投草屯人，曾赴日留學，畢業於日本二松學舍大學，到員林中學擔任校長前，曾在屏東女中當過校長。洪校長到校後，延聘了很多好老師，實施能力分班，那時候初中部大概有六班，按照入學成績分成為甲、乙、丙、丁……等班，一年後再按學年總成績分一次班，甲班的學生成績最好，從我考進去，一直到初中畢業，都在甲班。

洪校長辦學嚴格，經常到教室巡堂，遇見服裝不整、禮貌不週的學生，他就會擰學生的耳朵，所以大家都很敬畏他。但是他辦學辦得不錯，我們那一年的初中畢業生很多人考上台中師範。當時的台中師範很難考，而且那時候鄉下學校的學生，能夠考上師範

英姿勃發的洪樵榕校長
（民國71年攝於日本二松學舍大學）

學校也很不容易，所以一大半的人都去考師範學校，好學生都沒有留下來。到了我們下一屆，成績達到最高峰，因為洪校長親自到學生家中拜訪，拜託學生家長不要讓學生轉學或投考別的學校，所以成績好的學生統統都留下來了，不像我們那一屆幾乎有一大半成績好的學生都離開了。

初中畢業時，我並沒有參加外校的升學考試，而是直接保送本校高中部。當時高中部只有兩班。我畢業前夕，洪校長被提名去競選南投縣長，後來當了兩任的南投縣長，目前他還在文化大學教書，真是了不起。

我們那一屆是員林中學有史以來考大學考得最好的一屆，幾乎有一半的人考上大學，不少人考上台大、師大，還有幾個人考上高雄醫學院，鄉下學校有這樣的成績已經很不容易，雖然比不上台中一中或彰化中學，但對員林中學來說，已是破天荒的成就。在洪校長的苦心經營下，我們下一屆出現了員林中學第一位應屆考上台大醫學院的學生，其

他考上台大外文系、法律系、經濟系等系或其他學校的學生，亦不在少數。不過洪校長離開後，學校又走下坡了。

洪樵榕校長卸下南投縣縣長後，又到台灣省文獻會當過主任委員，謝東閔擔任台灣省議會議長時，也做過他的秘書長，現在還在文化大學教授日本古典文學。

除了省立員林中學外，員林還有一所國立實驗中學，這所學校是教育部特設的，大概是民國四十二年二月從澎湖遷來的，主要是讓一些山東流亡學生就讀。他們的班級比我們多，雙十節遊行時，兩個學校經常會排在一起遊行，他們的個頭都很高大，所以我們印象非常深刻，像來近史所的張玉法、陶英惠，以及台大的王曾才、王德毅、孫震、朱炎等教授都是實驗中學的畢業生。

高中畢業證書

很多人往往將這兩所學校混在一起，其實這是兩所不同的學校，後來因為流亡學生相繼畢業了，所以實驗中學也開始招收一般學生。

考上師大

　　因為我的家境不是很好，所以一直希望能考取師大。我記得高中時，有一位歷史老師叫傅叔華，我覺得他上課對學生還蠻有啟發性的，所以對歷史產生了興趣，我選擇就讀史地系大概和傅老師有點關係。

　　民國四十五年，我經過大專聯考，以第二名的成績考取師大史地系，當時史地系大概錄取了二十七名學生，不過到了開學時，有將近五十名學生來報到，因為師大的情況比較特殊，除了大專聯考外，還接受保送僑生、師範生，以及一些退伍軍人，所以開學時，大概又增加了一大半的學生。

師大民國45年度新生榜單

師範大學成立於民國三十五年，那時候稱為「台灣省立師範學院」，民國四十四年六月五日改制為臺灣省立師範大學 [註1]，因為那時候老總統有句口號「師資第一，師範為先」，很重視師範教育，所以將師範學院改制為師範大學。在省立師範學院時期，史地系還設有三年制的史地專修科一班，但我考上時，已經改制為師範大學了。當時的校長是劉真，他辦學校有一些很特別的地方，一般都認為他是個教育家。

師大的校訓是「誠、正、勤、樸」，學生真的比較樸實一點，因為師大的學生大多家境清寒，所以比較用功，也比較勤奮一點。劉真擔任師大校長時，有兩件最重要的事情，讓我印象很深刻，第一是每天都要升旗。清晨六點半，我們就得穿著黃色卡其制服到操場升旗，劉校長每次都會來訓話，養成大家不能睡懶覺的習慣，因為一起床盥洗完畢，六點半就得趕到操場升旗。第二就是檢查內務，每天起床後，教官都要檢查內務，像棉被等寢具，都必須弄

民國44年6月5日，師院改制師大時，劉真校長手書校訓「誠正勤樸」。

與講授「地學通論」的賀忠儒老師、師母合影於中研院近史所檔案館。

得整整齊齊，雖然不像軍隊那麼嚴格，但師大住校的學生一定每天整理內務，因為教官每天都會來檢查，如果內務整得不好，就會受到警告。四年下來，學生大都養成了規律的生活。

當時師大只有三個學院，其中文學院有國文、英語、史地、藝術、音樂等五個系，藝術和音樂對我來說太外行了，我也不想念國文或英文，最後選擇史地系，也可以說是選擇性不高。那時候歷史和地理是合在一起的，第二年以後課程才分開，想讀歷史就選歷史方面課程，對地理有興趣就選地理方面的課。

當時文學院長是梁實秋，但我們只知道有梁實秋這麼個人，對史地系一點也不了解。史地系系主任是沙學浚，我記得我到學校報到時，覺得英語系好像不錯，我還問助教可不可以轉系，他說只要成績好當然可以轉，但後來還是沒有轉，留在史地系。

師大主要是培養中學師資，並不是要從事高深的學術研究。我們畢業時，

劉真校長調任教育廳長，由杜元載接任
校長。師大的學生畢業後，還必須實習
一年才能領到畢業證書，所以民國50
年7月我領到畢業證書時，上面有校長
杜元載、文學院長郭廷以兩位先生的戳
印。

　　我在師大讀書有公費，每個月大概
有一百多塊錢，只夠零用而已，畢業後
擔任實習教員的待遇和一般老師一樣，
敘薪方面都差不多。

師大畢業證書

郭廷以先生在師大

　　郭先生在師大大概開過三門課，以
前學長們說的情況，我不太清楚，但民
國45年我進師大後，郭先生在師大開
過大一的中國近世史、大三的明清史，
以及大四的中國現代史。中國近世史是
大一的課程，當時郭先生不在，由王聿
均老師代課，所以我現在遇到王聿均先
生還尊稱他「王老師」，就是因為當年
上過他的課。

　　明清史是一學年的課，上下兩學期

我們這一班──49級。後排左起：黃福慶、
劉慎文、許春海、李詩雲、劉誠、張鍇元、
周良驥、李安森、楊萬全、劉添仁。中排左
起：薄慶齡、張素里、洪雲英、侯寧芬、魯
竹芬、曹甘、范建南。前排左起：陳啟一、
嚴勝雄、舒文平、陳三井。

攜家帶眷旅遊到青年中學

與49級同學鄭節子（中）張素里（右）合影

與最親密的黃福慶同學濯足萬里流

各三個學分，大四的中國現代史也是三個學分，我不記得這兩門課是選修還是必修，但因為是重點課程，所以我們都會修。

郭先生打分數打得很緊，能拿到八十幾分已經算不錯了，明清史兩個學期我都得到A，大概是八十分以上，中國現代史第一學期只拿到B，只有七十九分，第二學期是A。

郭先生喜歡穿長袍，戴著一副近視眼鏡，表情很嚴肅，講課的聲音比較低沉，河南鄉音也很重。郭先生似乎有喉嚨方面的毛病，經常咳嗽、清喉嚨，上課時，課堂上除了他講課和清喉嚨的聲音外，大都是鴉雀無聲。

上郭先生的課要全神貫注，因為他聲音不大，所以必須坐在前面的位子，否則聽不太清楚，而且要猛抄筆記，三堂課下來總是令人疲累不已。郭先生都是坐著講課，講到有些人名或專有名詞時，偶而也會站起來寫寫黑板。我還保留著郭先生上課的筆記，但研究室的東西太多，一時找不出來。大致上的印象

是筆記內容相當豐富，有條理，有深度，而且富啟發性。

師大學生畢業後大都是到中學當老師，學校注重的是知識的傳授，但郭先生講課的內容不僅止於此，並不只是知識傳授，培養一名中學老師而已。在我印象中，他會開一些參考書讓我們看，我記得上明清史時，郭先生要我們讀張廷玉的《明史》，還有《明實錄》、《明會要》、谷應泰的《明史紀事本末》等，一般中學生或大學生，很少聽過這些原始史料，那時候我們感到很新鮮，因為其他老師開的參考書幾乎都是二手史料。

民國三十年，郭先生就在重慶商務印書館出版了《近代中國史》，到台灣後又再版，在《近代中國史》的序文中，他引用羅家倫的話說：「以近代中國史論，現在尚為史料整理編訂時期，而非史書寫著的時期。」[註2]換句話說，就是因為這樣，所以郭先生特別重視原始材料，在《近代中國史》中，每寫一段就會引用一段第一手材料，譬如《清季外交史料》等，把很多材料都用上了，與一般通史的書不一樣，一種引導讀者入門的意味。他的參考書目中也列出好多本英、法文的書，所以他不但注重原始材料，也注重外國漢學家的著作。由此也可以看得出來，郭先生的教學內容、材料、講義和一般老師不一樣，其他老師可能認為師大學生將來只是要當中學老師，不需要一些具有研究性、方法性，或啟發性的東西。

很多同仁們可能都會提到，郭先生並不是一個才華橫溢、神采飛揚，很有魅力或上課很叫座的教授，因為他不善於演講，所以他的課並不是很叫座。他不像有些老師上課可以不必帶任何卡片或筆記，在講台上滔滔不絕，從頭到尾一氣呵成。但他是可以給學生很好的指導

的老師，很適合指導研究所的學生。我現在的感覺是，近史所就像一個訓練班，換句話說，他就是這個訓練班的導師，適合指導研究生，如果研究所的學生由他來指導，像他後來在近史所的做法一樣，應該會很不錯。所以當時有些師大同學覺得郭先生教得並不好，對他不是很滿意，但這是不同的類型，因為郭先生不是那種一上台就可以講得滔滔不絕、神采飛揚的老師。

此外，當時學生和老師都有一種自然的距離，郭先生又是一個很嚴肅的人，學生更不敢主動和他親近，下課後他就離開，學生也不會拿問題去請教他，因為那時候沒有這種風氣，而且學生也不敢去。我也是一直到畢業後，才去過別的老師家一次，那次是因為我到台北考完留學考試後，順便打電話給教授「西洋近世史」的王德昭老師，到他家裡向他報告並請教留學考試西洋近代史一科的內容。

進入近史所

初進近史所

民國五十一年十月十八日，我開始到近史所上班，那時候我還只是臨時約聘助理，好像連聘書也沒有，我就來上班了。當時因為近史所有福特基金的關係，所以我們的薪水全由福特基金支付，我記得很清楚月薪是一千六百元，而那時中學老師一個月的薪水是八百多塊，就算加上一些配給也不到一千塊，所以當時近史所的

薪水比起中學老師的待遇，幾乎多了將近一倍，算是相當不錯。

剛進近史所時，我在師大附近租房子住，那時候研究院有兩部交通車，我每天搭交通車上下班。

當時近史所已經成立七年，在這段期間，近史所朝氣蓬勃，因為有福特基金的補助，所以有很多計畫在進行，因此我到近史所那年，同時來了很多年輕人，比我早來的有馬天綱，他是台大歷史系畢業的，和白崇禧有姻親關係。白崇禧的夫人也姓馬，馬天綱的父親曾在廣西省當過警察局長，和白崇禧夫人的娘家有親戚關係。

馬天綱在近史所和我一樣都是在做口述歷史，他的腿有點不良於行，但口才便給，人也很聰明，在近史所待了一年後，就離開到港大進修了。

那時候近史所有一個「西方認識」資料彙編計畫，由胡秋原先生主持，用了吳章銓和魏廷朝。吳章銓畢業於台大歷史系，他的碩士論文《唐代農民問題研究》得過中國青年學術著作獎，他後來到美國哥倫比亞大學攻讀博士學位，畢業後在聯合國擔任翻譯工作。

魏廷朝體型很壯，皮膚黝黑，乒乓球打得很好，他是一個清教徒、苦行僧，當過礦工，吃東西很簡單，是個很特別的人，而且為人正派，書也讀得很好，中文、英文、日文都很好，曾因為彭明敏和謝聰敏的事坐牢，後來當過民進黨桃園縣黨部主任委員，也競選過幾次立法委員、民意代表，但都沒選上。

還有一個史靜波，政大政治學研究所畢業，一進近史所就是助理研究員，研究嚴復及中國近代思想史。許大川畢業於政大外交系，他的父親是前教育廳長許恪士。許大川也是一個很寶的人，長得年輕瀟

灑，在那種家庭長大，可說是個文勝於質、聰明外露的人，他主要目的是出國，近史所只是過渡時期的棲身之處，我聽說他去當時美國駐華大使館辦簽證時，對方問他是學什麼的？他告訴對方說：「我們是同行！」，結果這位面試他的美國人就說：「你這樣講不對，應該說你跟我們是同行。」美國人又問他為什麼要學外交？許大川回答說：「因為中國被你們這些帝國主義侵略了。」兩人當場就辯起來，因此他第一次並沒有拿到簽證。

另一個年輕人很有名，叫高準，他是江蘇人，很有來歷，祖父叫高平子，是一位天文曆算學家，父親大概是一位建築師。高準畢業於台大政治系，高高瘦瘦的，個性很浪漫，講話很快，後來成為一名詩人，出版過《山河紀行》散文集。他在近史所只待了十個月就到文化大學政治研究所讀書，畢業後到過美、英、澳等國遊學，既是詩人也是畫家。他在《山河紀行》中提到，有一次他跑到中國大陸，向中共國務院官員建議，要中共結束無產階級專政，放棄馬列主義教條，建立中華聯邦。

李本唐的父親是前警備總部副總司令李立柏，他姐姐是本院前副院長楊國樞的太太，所以算起來他也是楊國樞的小舅子。李本唐畢業於政大邊政系(後來改為民社系)，他到近史所工作時比較委屈一點，被派到剪報室剪報，而且還要編纂大事紀。

當時高準、許大川負責整理中日關係檔案，李本唐在資料室，吳章銓、魏廷朝在「西方認識」，我和馬天綱做口述訪問，再加上史靜波、李念萱、賈廷詩等人，近史所一下子來了許多年輕人，我們經常聚在一起，吃飯、聊天、運動，所裡的氣氛顯得生氣勃勃。

近史所同事合影。左起：魏仲韓、黃福慶、林明德、李念萱、陳三井。

當時研究院有一個伙食團，在舊大門旁那裡有一間平房，有廚房和餐廳，伙食團分為甲、乙兩伙，研究人員大概是用甲伙，價錢比較貴一點，工友是吃乙伙。那時我們幾個年輕人剛進研究院工作，沒有入伙，中午我們就搭交通車到南港台肥六廠的餐廳吃飯。台肥六廠有一個大禮堂，裡面有餐廳，那時台肥的福利比研究院好，所以我們中午就搭交通車到台肥餐廳吃午餐，吃完後再搭交通車回研究院。台肥還有許多福利，有免費電影，工廠內還有球場，有時候中午我們就在那裡看電影，或打打球。

郭先生大概一星期會到辦公室三天，都是早上來，平常我們也沒有簽到，所以上班很自由，完全對自己負責。

與賈廷詩合影

當時近史所的女生很少，除了副研究員王萍女士和一位負責打字的高桂蘭小姐外，所裡幾乎沒有其他女性。那時近史所和對面的史語所都是兩層樓的矮房，史語所有很多助理小姐，大概都是初中畢業，年紀很輕，打扮時髦，其

與王爾敏（中）、張存武（右）合影

91

中有四位小姐分別搭乘兩部不同的交通車,雖然我們並不知道她們的芳名,但半開玩笑地將搭A車的兩位小姐稱為A1、A2,另外兩位搭B車的小姐叫B1、B2。魏廷朝還戲稱她們是「四大標兵」,因為我們每天從辦公室的窗戶望出去,就可以看到四個標兵已經站在那裡等交通車。那時候我們都是單身,還沒結婚,經常以此開玩笑,但沒有人有進一步的行動,也沒有和她們建立什麼特別交情。

那時候近史所用了這麼多年輕人,足以說明郭先生用人並沒有門戶之見,除了我是他在師大找的學生之外,其他都是台大、政大不同科系的學生,而且都是朋友或其他教授介紹來的。特別值得一提的是,我認為郭先生這一點和當年蔡元培辦北大時一樣,能夠兼容並包。

郭先生辦近史所就像辦學校一樣,雖然他很重視檔案,但他不希望研究人員只是待在近史所裡面看那些檔案,他心裡應該有一個遠大的理想,希望將來有機會,能將近史所的研究人員送到國外進修,能念個學位回來最好,否則出去蒐集資料,看看世界,跟人家打打交道也不錯。所以我記得當時所裡面有兩項德政,第一就是找英語老師來開班教英語,我剛進所時,一位美國太太在所裡開班教英語,每個月的薪水是一千二百元,由所裡用福特基金補助八百元,剩下的由上課的人分攤;第二是開設日語班,方式大概都差不多。從這裡也可以看出,郭先生創辦近史所是有遠大計畫的,希望所裡的年輕人有機會多學學外語,將來有機會出國拿個學位,或進行其他研究。張朋園和張玉法後來就是在福特基金的支持下,到美國哥倫比亞大學攻讀學位,接受韋慕庭教授(C. Martin Wilbur)的指導,另外還有幾位用福特基

金會出國的同仁，譬如李念萱到華盛頓大學、王聿均先生到倫敦大學、李毓澍和王璽到日本蒐集外交檔案、林明德和黃福慶去東京大學深造等，都是用福特基金，而我從法國讀書回來後，也曾在福特基金的資助下，再度回到法國做研究一年。此外，近史所和哈佛大學也訂有交換學人計畫，呂實強就曾到哈佛大學訪問研究。

參加討論會，首次提出報告

現在在近史所的討論會報告的人，都是所裡編制內的研究人員，但過去因為人少，我們這些約聘人員也要上台報告。民國五十一年十月，我進近史所，隔年三月十九日就輪到我做報告，這是我第一次在所裡的討論會上報告。當時所裡的討論會都是由郭先生親自主持，他在會後做結論時，簡短的幾句話就能指出該次報告的重點與缺點，有畫龍點睛之妙。所以那時候的討論會是一種很好的訓練，大家討論的風氣非常盛，當時我膽子也不小，還發言過好幾次，不像現在只是坐著聽而已。

在所裡的一次討論會上，郭先生說他在民國十六年就開始教近代史，到現在並沒有長進。他說，洪楊以宗教起家，以宗教自愚而亡，倡男女平等，而天王、東王等卻蓄妾無數，行聖庫，計口授田，以達到「無處不圓滿，無處不平均」的共產理想，可惜後期經濟崩潰，天父天兄互爭而致滅亡。所以政治上不可以有雙頭政治，只能有一個領袖。

那一次輪到我報告時，我的題目是〈張之洞與乙未割台〉，沈雲

龍先生認為這個題目可以做，但有人質疑這個題目太敏感了，因為當時海外有所謂「台獨運動」，有些人擔心和台獨扯上關係，被人誤為別有用心，但後來沒什麼事，我還是如期提出報告。討論會結束時，郭先生對我的報告蠻稱讚的，平常他是不輕易稱讚別人的，他認為我才準備了幾個月，在這麼短的時間內有這樣的成績，相當不容易，他說：「雖然在材料運用和內容取捨上還有不足的地方，但是在短短的時間內有這個成績，已經算不錯。」其他同仁也認為我的報告還算清楚，有條理，用詞恰到好處，口才也還過得去。

在此我要特別提到兩位先生，一位是近史所創所元老之一的張貴永先生，他聽完我的報告後說：「我最初以為你報告這個題目是別有用心，要鼓吹台灣獨立，與台灣獨立相呼應，但是聽完你的報告後，我是誤會了。」事實上我的報告內容是清廷割台前後，台灣士紳與張之洞，以及一些朝廷御史反對割台的言論。

另一位是胡秋原先生，他認為我這篇文章正好可以糾正一般人的觀點，並建議我交給《中華雜誌》發表。當時我正好在辦理出國手續，胡先生和李敖也正在《文星》雜誌上打筆仗，後來他不幫《文星》寫文章，自己辦了《中華雜誌》，所以我那篇文章就交給《中華雜誌》，在4月份刊登出來，篇名改為〈臺灣史事的一段回顧〉[註3]，看起來不像是一篇學術文章，不過事實上內容也不長。胡先生告訴我：「我全篇只給你改了一個字，你原來寫的是『浮議譁然』，我把它改為『清議譁然』。」其實胡先生錯了，這是史料上的原文，應該是不能改的，不過我也沒和他爭辯。

胡先生也經常在近史所的討論會上發言，他的發言很有意思，也

很富啟發性，我記得他講過兩句話：
「世界上最弱的政府是中國，世界上最
勤勞的民族是中國人。」也許現在聽起
來沒什麼，但胡先生經常有一些很特別
的見解。

籌辦十週年所慶活動

　　民國五十三年，近史所為了舉行
十週年慶祝會，事先奉郭先生之命，成
立了一個籌備委員會，由史靜波擔任召
集人，張存武、張朋園、魏仲韓、魏
廷朝和我等人擔任委員，負責籌備各
項活動。魏仲韓是郭先生的老鄉，在所
裡一直跟隨郭先生，後來到總務組當辦
事員，還當過光復中學、大華工專的校
長。

　　一月三十一日，近史所在蔡元培館
舉行十週年慶祝會，當天除了張朋園有
事不能參加外，幾乎全所同仁都到了，
郭廷以所長夫婦、胡秋原先生、沈雲龍
先生，以及幾位資深的同仁，例如「三
公」王聿均先生、黃嘉謨先生、李毓澍

民國73年8月17日，胡秋原先生在近史所舉辦的「抗戰前國家建設史研討會」上慷慨發言，鏡頭前三人分別為沈雲龍、戴玄之、李雲漢。

與胡秋原先生在會場合影

先生等都到場，有家眷的同仁也帶著家人一起參加。其實那時候近史所成立還不到十週年，為什麼要稱為十周年慶祝會，我也不知道。

慶祝活動的節目由史靜波安排，但所有內容都是我在策劃。活動一開始先由郭所長報告近史所成立的歷史，接著是康樂活動。我和同學陳昔榮負責這次所慶的所有康樂活動，策劃了許多精采的遊戲，那時候正值春節前後，我們設計了一個叫「元旦禮物」遊戲，把一件禮物事先包裝起來，依參加人數的多少包上一層又一層的包裝紙，每一層都有一道題目，按照題目內容所形容的特點，送給所裡符合此一特點的同仁。我得到的形容是「最活潑可愛」，這是郭師母送給我的。

陳昔榮還唱了一首阿美族的情歌，韻味十足，令人動容。此外還有猜謎遊戲、擲棋子與敲鑼的比賽等，最精采的是兩位工友互相鬥牛，一方面要攻，一方面又要守，惹得大家哈哈大笑，前翻後仰，沈雲龍先生就說：「陳三井的花樣真多！」，胡秋原先生也過來拍拍我的肩膀說：「這個節目是你發明的，還是洋人的？」「發明的人真聰明！」我自己也覺得當天大家的確都很開心，這些老先生以前大概沒辦過所慶，所以這次所慶大家能相聚一堂，非常高興。這是我出國讀書前，在所裡一次非常難忘的回憶。

近史所口述歷史的陣容

近史所大概是在民國四十八年開始進行口述歷史的工作，早期近史所口述歷史組的陣容除了我和馬天綱之外，還有夏沛然，他是台大外文系畢業的，後來到美國哥倫比亞大學讀書。夏沛然的父親夏濤聲

是青年黨人，那時郭先生找來的人都很有來頭。夏沛然拿到博士學位後，就到聯合國工作，和近史所的關係就變得比較淡了。

另外一位口述組的同仁謝文孫也很有來頭，他是沈昌煥的大姐沈湘波的兒子，也就是沈昌煥的外甥，他父親是謝銘治。謝文孫也是台大外文系畢業的，後來也到美國哈佛大學讀書，畢業後在密蘇里大學教書，他還常常回台灣。

當時郭先生找的人都是有名的外省第二代，家世都很不簡單，但他們最後目標都是出國讀書，只是在近史所暫棲一下而已。這些人雖然質資都很不錯，但到了美國，在各方面並沒有什麼了不起的成就，例如吳章銓本來在台大很出色，但進了聯合國後，就被一些瑣碎的行政事務羈絆住了。夏沛然、謝文孫、馬天綱、許大川也是一樣，似乎都沒有聽說在西方學術界有什麼突出的表現，反而是留在近史所兢兢業業做研究的人，後來的研究成果都比這些到美國的同仁們出色。不只是他們，早期的鄧汝言、李作華也是一樣，到了美國後，並沒有特別好的表現。

所以我要強調一點，在美國找不到像近史所這樣好的研究機構，並不是說近史所的風水好，而是這裡有很豐富的資料，也有很多志向相同的人可以相互切磋學問，又有像郭先生這樣的導師，為近史所全心全力地付出、犧牲奉獻，才使得當年留在近史所，沒有到美國或向外發展的同仁們，反而有比較出色的研究成績。當年近史所同仁們能在福特基金的支持下出國進修，攻讀學位，不是偶然的，這是郭先生爭取來的，這麼多人在他的培養之下，能夠有今天，絕不是偶然的。

口述訪談郭廷以先生

我們在張朋園先生的帶領下，曾對郭廷以先生進行十五次的口述歷史訪談，訪談時間從民國五十三年三月六日，到五十三年八月二十五日。在這十五次的訪談中，我大概訪問了十二次，前三次的訪問紀錄是我整理的，後面是陳存恭先生整理的，但很可惜郭先生只講到抗戰，沒有講完。

那時候做口述歷史訪談非常辛苦，每次出去訪談都得提著一台盤式大錄音機，而郭先生通常都是禮拜六下午才有空，所以那段期間每到星期六吃過中飯後，我就提著錄音機從研究院出發，有時候搭載煤的台車，有時坐三輪車，再到南港轉公路局去郭先生在和平東路的公館。

郭先生個性嚴謹，不太會招呼客人，我們到他家進行訪問時，已經接近夏天，天氣很熱，郭先生住的又是日式宿舍，屋子裡很悶，大概只有一支小電扇。從下午一、二點開始，一直訪談到晚上七、八點，六、七個小時下來，郭先生沒喝水，我們也滴水未沾，口很渴卻連杯水都沒有，實在很難受。而且訪談時一點都不能分心，跟上課一樣，一定要全神貫注地傾聽，我和陳存恭兩人輪流操作錄音機，還得一邊振筆疾書，不能漏記。

那時候最怕的就是去郭先生家訪問，當時陳存恭先生已經結婚，我也剛交女朋友，每到週末下午只好把家人和女友擺在一邊，到郭先生家進行口述訪問。晚上回到家常常已是十一、二點了。雖然有辛苦的一面，但也有較輕鬆的一面，有幾次郭先生曾請我們到當時西門町

很有名的「真北平」餐館，吃涮羊肉，打打牙祭，但次數不多，訪談十五次，吃飯的機會大概不到一半。

我出國後，只剩陳存恭單獨去訪問，林泉大概也去訪問過一次，但遺憾的是郭先生的訪問並沒講完，後來也沒有再繼續。

當時我們整理郭先生的訪問紀錄時，真的很痛苦，因為郭先生沒有時間看，等到要出版時，問題很多，許多人名、地名都查不到，尤其是郭先生的字很難認，必須一個字一個字對，一個人一個人請教。這份紀錄稿真是把我們給整慘了。

民國73年8月17日，沈雲龍先生在近史所舉辦的「抗戰前國家建設史研討會」上發言

我所知道的沈雲龍先生

憑良心講，真正影響我最多的除了郭先生外，就是沈雲龍先生，郭先生對我的影響，甚至不如沈雲龍先生，沈先生對我的影響，反而比郭先生大。

沈雲龍先生大概一個星期到近史所兩次，他可能只是約聘或兼任。沈公是

青年黨人，但郭先生仍找他來近史所主持口述歷史的工作，從這裡也可以看出，郭先生是一個很愛才的人。不過後來兩人也一度有一些意見。

沈雲龍先生是一位很好的長者，他是江蘇人，我曾在《傳記文學》上寫過他的簡傳。記得我一到近史所他就送我兩本書，《中國共產黨的起源》和《民國人物評介》。早期近史所的研究大樓還沒改建，只有兩層樓，我們在陽台上圍了一個房子，旁邊一個門進去是他的辦公室，我們兩個小助理則是在陽台上辦公。沈公到近史所後，生意很好，許多同事經常跑來找他開講，談談每天的新聞大事，譬如還聊到吳相湘被開除黨籍的事等等，當初如果我將他每天講的話，記錄下來，再冠上「沈公外記」、「新儒林外傳」之類的名稱，一定很精采。

除了學問上增長外，在待人處世方面，沈公對我也有很大的影響，譬如他說過：「為人精明而不流於尖刻，如果能得有三分的厚道，那麼處世待人將無往不利。」從日常生活接觸中，學到許多關於待人處世的方法。

後來我要出國讀書時，他還當了我的保人。當時出國一定要有兩位簡任官以上的人作保，才能出國，那時我在台北沒什麼朋友，也沒有什麼親戚，根本不知道要去哪裡找保人，正好沈公有國大代表的身份，答應替我作保。另外一位我找了宋選銓先生，他是一位外交官，後來也當上國大代表，他太太是南斯拉夫人，我們都叫她Madame宋，那時候我正在跟她學法文。當時除了學英語、日語，晚上我還自己去學法文。

我出國那天沈公還親自到機場送我，那時我交了女朋友，也就是我現在的太太，他跟我開玩笑說，回程的時候看到有一個人在那裡哭了，所以他那時候就認識我太太了。

我剛到近史所時被分派做口述歷史，這項工作以前我從來沒有接觸過，那時候我們訪問過一些人，像李文彬、楊森等。楊森接受訪談時，講得很亂，紀錄很不好整理，根本無從整起，所以沈公最初對我的表現也不是很滿意，因為我這個鄉下來的學生，口才、文筆都比不過他帶過的夏沛然、馬天綱等人。所以那時我自己有很大的挫折感，但沈公從不疾言厲色，都是輕描淡寫地一語帶過。沈公待人寬厚，後來他大概慢慢地發現我還算是可造之材，對我的觀感慢慢變好，亦師亦友，關係猶勝郭先生。

沈公後來還幫了我不少忙，每當我有求於他，他一定會幫忙，例如我有個外甥女考上就業考試要分發時，我根本沒什麼人脈可以幫她，後來我問沈公能

與沈雲龍先生夫婦餐敘。前排左起：陳存恭、沈夫人、沈先生、劉鳳翰。後排左起：林泉、陶英惠、嚴錦、陳三井。

不能幫忙，他滿口答應，找了一位在經濟界的朋友，那個人遞了一張名片，馬上就分發到國貿局，問題就這樣解決了。還有我兒子滿周歲時，他也很週到，送了一套祝賀小孩子吉祥的金飾，待人真是寬厚，和郭先生板著臉孔，大不相同。從沈公的相片就可以看得出來，胖胖的，心寬體胖，像個彌勒佛似的，笑聲也很響亮。

民國六十五年十二月，我的第一本小書《法國漫談》出版時，曾請沈公作序，他在大病初癒之際，慷慨應允，盛情尤為可感！

郭廷以與沈雲龍的關係

郭先生和沈雲龍先生之間有一點矛盾，但這和沈雲龍先生是青年黨人，郭先生是國民黨籍，沒有什麼太大的關係，主要是因為兩人有誤會。

沈公個性外向，屬於開朗型的人，一根腸子通到底，有什麼話就直說，而郭先生是內向型的人，不隨便說話，都放在心裡，喜怒不形於色，甚至有時候會讓人覺得他有點高深莫測，誤會可能就是這樣子產生的。劉紹唐先生就曾對我說過：「你們郭老闆一點都……」。其實郭先生是看人說話，有時候便得罪了人，而且他會看不起人，不交不如己的朋友，有點這種味道。這方面讓人覺得他很驕傲，孤傲又不隨和，從來不會主動和別人搭訕或講一些應酬話。所以在史學界有很多人不喜歡他，這和他的個性有很大的關係，包括黎東方、吳相湘等人，和郭先生都處得不太好。

據聞，沈公曾寫過一篇文章批評王世杰與蘇聯政府訂立〈中蘇友

好同盟條約〉，王世杰因此對他感到不悅，而這件事也影響到郭先生和王世杰的關係，因為當時王世杰是中央研究院院長，郭先生夾在兩人中間，左右為難。

此外，沈公在研究院並沒有任何正式的名義，但他很希望能有一個正式的名義，什麼名義都可以，可是最後什麼都沒有，這一點我很了解，雖然他不講，但心裡卻很在乎。大概是因為王世杰的關係，所以郭先生對這件事一直沒有任何表示，照理說，郭先生可以為沈公安排一個名義，但他一直沒有做。

還有一次，近史所去訪問黃郛夫人沈亦雲女士，沈雲龍先生得知後很生氣，因為所裡事先沒有和他打聲招呼，跳過他直接與黃夫人聯絡。沈公曾寫過《黃膺白先生年譜》，和黃夫人很熟，他也一直在做這個題目，近史所要訪問黃夫人，竟沒有事先和他打個招呼就找張朋園與黃夫人聯絡，他聽到之後非常火大，這件事讓他對郭先生很不諒解，當場在我面前發了很大的脾氣。

當時近史所的口述歷史工作是有分工的，有好幾個人在進行，沈先生帶訪問他比較熟的朋友，張朋園、王聿均、郭先生都有在做。沈公在乎的是說，有關黃郛的研究他一直很有興趣，也一直在做，近史所要訪問黃夫人，為什麼不先和他打聲招呼？好像怕他知道似的，所以他很在乎，很不開心。郭先生大概沒有考慮到那麼多，或許有什麼不方便，我也不清楚。那時候張朋園是郭先生面前的大紅人，也連帶使得沈公對他不滿。

後來沈公對近史所有點失望，不是做得很起勁，所裡面好像一直有虧欠他那種感覺，他在近史所領的薪水一個月大概也沒多少錢，他

一個禮拜只來兩天，可能和我們領的差不多。

赴法留學

我很早就對法文很有興趣，對法國很嚮往，大學時我本來想選修第二外語，但一直沒有時間，也沒有那個上進心，所以沒有選修，非常遺憾。大學畢業後，我在彰化中學任教，住在我隔壁的一位室友，大概是東吳大學畢業的，學過法文，每天一大早就拿著一本大一的法文課本在那裡朗誦，給我很大的刺激。到了當兵時，在受預官訓，班上有來自各方的人才，有學法文的、有學英文的、有學德文的，還有學西班牙文的，統統聚在一起，每個人都有一套，那時候我突然有一種矮人一等的感覺，因此下定決心有一天一定好好學法文。

退伍後，本來想到教會找個神父學法文，但一直沒有時間，來到近史所服務後，我住在台北，晚上就騎著腳踏車，到中山北路陸橋下的救國團青年服務社學法文，從最初級開始學起。第一位老師是劉克俊，他是留法的，當時在新聞局當參事，後來Madame 宋接他的位置，我就跟著Madame 宋學。

學了一年後，我報考一項公費留學考試，僥倖考上了，後來又到永和跟修女學，也到歐語班學，前後一年我一直忙著加強語文。

我出國讀書和郭先生沒有什麼關係，當初如果沒有考上出國獎學金，我大概也會用近史所的福特基金到美國讀書。郭先生事先並不知道我報考了，我也擔心考上後，他會不高興。後來我順利考取，並將這件事告訴他，他很高興，認為我能考上獎學金很不錯，他還對張朋

園講了一些很高興的話，那天正好大家在為他祝壽，他很開心，也沒多說什麼。

後來要補我為正式人員時，他曾經說，如果我要出國的話，近史所就不補我為正式人員，所以他還是有考量的，就像馬天綱要出國時，他就補我做正式人員，他還是會把機會留給別人。

留學歸來

我從法國回來時，剛好李國祁也從德國返台，聽說那時候近史所本來沒有缺，是透過王世杰的關係，特別爭取到兩個名額，我和李國祁才能回到近史所服務。

現在我還覺得有兩件事非常愧對郭先生。第一件是整理經濟檔的工作，那時候近史所還在整理經濟檔，郭先生要我掛名當召集人，但我對經濟檔最沒興趣，而我剛回國，對於如何整理這批檔案一點經驗也沒有，講得不好聽，當時經濟檔就是一個爛攤子。林能士那時候剛拿到碩士學位，還沒找到工作，他知道我在管經濟檔，不知道是透過林泉還是林忠勝的關係，表示希望能到近史所工作，我跟郭先生講了好幾次，郭先生都沒有答應，只是很不耐煩地問：「他哪個學校畢業的？」不過最後還是說成了。

我對管經濟檔一直沒太大的興趣，郭先生似乎也覺得我沒有盡到責任，這件事讓我覺得很愧對他。

第二件事是宿舍的問題，郭先生這個人是不求人的，為了這件事跟院裡的總辦事處鬧得很不愉快。我剛回國時，沒有宿舍住，暫時借

剛回國時，我們借住物理所的宿舍
（左側二樓）

公家配給我們的現住宿舍
已有38年的歷史

住物理所的房子，而本來住在裡面的單身漢，只好委屈他們搬到單身宿舍。剛好那時候教育部正在推動一個計畫，號召海外學人回國服務，所以各大學及學術機關都蓋了很多學人宿舍，研究院也蓋了幾棟。

等到要搬到新宿舍時，許倬雲也要搬進來，那時他好像快結婚了，聽說總辦事處給他住的房子裡面有全套的傢俱設備，李國祁知道後，心裡很不服氣，他認為同樣在研究院工作，怎會有不同的待遇，於是據理力爭，要求比照辦理，他說他自己不要都沒關係。當時代理總幹事是李亦園，總務主任是趙保軒，為了這件事，雙方鬧得很不愉快，郭先生和王世杰院長夾在這些部屬之間，也很為難。

李國祁個性剛直，就這樣扣上李亦園，那時我也成為過河的卒子，只能跟著前進。我們一直去催郭先生，希望他出面幫我們解決，但他很不耐煩，當時我幾乎每天為了這件事去找他，一遇到他就催他，因為這種事如果不積極去爭

取，總辦事處一定是能拖就拖，最後就不了了之，如果不一直盯著，說不定連我現在住的那間宿舍都沒有了。當時李國祁已先配到宿舍，我還是在外面流浪一陣子後才分配到的。

郭先生是個與世無爭的人，就算吃了虧也會忍下來，而且他也不屑去和總辦事處這種單位去爭，但我們這些下屬總是有些利益需要維護，所以我們當然要催郭先生幫我們出面，弄得他心裡很不耐煩，他希望我們忍耐，但很多事情不是這樣，一忍耐就沒有了。為了這件事把郭先生牽扯進來，我一直感到很愧對他。

郭先生就是不喜歡跟人家鬥，寧可自己吃虧也不屑於跟這些人鬥，以前趙保軒就曾向我抱怨：「你們郭先生看不起人！」他說當初他接總務主任時，向郭先生表示要來拜訪近史所，但郭先生卻一口回絕說：「不必了！」他就是這種態度，不屑與這些人打交道。但現實生活中卻不能如此，有些事不爭取就沒有了。

（摘錄自中央研究院近史所出版之《郭廷以先生門生故舊憶往錄》
口述歷史叢書84，頁85-111，民國93年4月）

註1：臺灣省立師範學院成立於民國35年6月5日，以臺北市和平東路一段日
本人所設立高等學校舊址，擴充利用作為校舍。民國44年6月5日改制
為臺灣省立師範大學，56年7月1日改制為國立臺灣師範大學。

註2：郭廷以，〈例言〉，《近代中國史》（台北：商務印書館，民國52年3
月），頁1。

註3：〈臺灣史事的一段回顧〉，《中華雜誌》第2卷第4期，民國53年4月，
頁34-36。

第七章

我的海外求學經驗

「自由青年社」舉辦這次座談會，個人覺得是一件很有意義的事情。我本人曾在民國五十三年九月出國，到法國巴黎大學文學院念歷史，四年後回國服務。由於時間距今已相隔十幾年，個人的求學經驗和生活體驗，難免不無時過境遷，「明日黃花」之感！不管如何，個人仍願將一得之愚提出來，供今後有志赴法深造的莘莘學子參考。

留學法國的三點心理準備

前往法國留學，年紀既不能太大，也不能太輕，而以研究所剛畢業最為理想。成行前，在心理上至少得有下列三點準備：

第一、對於法國的學制、學科應有大概的瞭解。法國的教育制度和美國和我們自由中國都有許多不同之處，例如她們原來採用學院制，不是學系制，她們實行證書制，不是學分制。而在一九六八年法國五月學潮

攝於巴黎大學門口
蒙丹（M. Montaigne）銅像前

民國62年7月參加巴黎第29屆東方學者會議後，與李璜（中）、林天蔚（右）合照於巴黎大學大門前小公園。

後，法國的高等教育又已作了革命性的改革，例如巴黎大學已由原來的文、法、理、醫、藥五個學院，改制為十三個大學，不僅性質有別，即所修學位亦不盡相同。有時同一建築物分屬於幾個不同的單位，有時同性質的課却不在同一處講授，情形相當混亂，往往使新到者摸不著頭緒。還有，不一定每一學科畢業的人都有到法國留學的必要。法國向以文學、藝術、音樂方面聞名於世，在法律、公共工程、師範教育、數理方面亦不弱。在課程方面，法國大學較偏重理論，過於抽象，而甚少實用科目之開設，這點允宜事先注意。附帶建議，國內今後若選派公費留學，不妨以專攻法國語文、歐洲政治外交、歐洲共同市場組織等課程為優先考慮。

　　第二、在治學方法上最好受過相當訓練。這是我為何在前頭強調以研究所畢業最為適宜的緣故。法國大學崇尚自由而富彈性，沒有點名制度，不必繳交寫不完的報告，一切靠自己浸淫，因此對於一個已經摸清做學問門道的人比

較可以適應。國內大學甫告畢業而進一步想做高深研究的同學，如果沒有寫作畢業論文的經驗，初臨這種環境，可能較不習慣，而有不知如何措手之感。首先，不知如何訂題目，因為可能不明瞭前人已有的成績？其次，一旦題目選定後，也許不知如何有系統的蒐集資料，做卡片？最後，不知如何運用資料，怎樣下筆？有些人可能通過博士筆試一關的時間還算快，但寫起論文來卻像蝸牛爬行。撇開別的因素不談，其中即可能吃了訓練的暗虧。

「遠東學舍」（10, rue Cassette）舊址

　　第三、有關現實政治的問題。如眾週知，法國早在一九六四年即已承認中共，中共在巴黎亦設有大使館，因此環境的複雜自在意中。但可以放心的是，文化交流並不太受外交關係的影響。截至目前為止，據個人所知，台灣留學生在學業上似未有過遭受法國教授故意刁難的情形，他們的留學生活亦未曾受到中共有關人員的無理干預和威嚇。不過，今後無論你所結交的中國同學也好，法國學生也罷，不管你所接觸的外

精緻的盧森堡公園
是遊客與留學生流連忘返的好去處

國朋友也好，中國華僑也罷，他們的論調，他們對某些問題所持的看法，可能有你所喜歡聽的，也可能有讓你感到不快的地方。但不管你願不願意，你都要面對它，不用規避。你既不必故意表示前進，也犯不著昧著良心說話，切記保持客觀的態度，謹守學術討論的分際，用事實做為解釋和辯論的根據，這樣可以省去你許多無謂的煩惱。

兩項實際作法

有了心理準備，建立起信心之後，如果配合以實際有效的行動，相信你必可克服種種難關，在學業上收到事半功倍之效果。當你踏出機場，一切即變成一個陌生的世界──陌生的面孔、陌生的事物和陌生的語言。面對這陌生的一切，我建議你兩項作法：

第一、先下鄉學語文。語文是一切的工具，舉凡上課聽講，和教授打交道，結交新朋友，或購物，或旅行，均非它莫辦。職此之故，你要痛下決心，

雄偉的艾菲爾鐵塔是巴黎的地標

在一至兩年之短期間內把它學好（至少可以運用自如），這樣你將受益無窮，否則可能一事無成。在未出國前，法語不好沒有關係；出國以後，只要五官並用，自己肯努力，加上環境的薰陶，自可彌補先天之不足。

所謂下鄉，並非真的到法國鄉下去，而是指到巴黎以外的城市去。巴黎是個國際都市，外籍學生多，人情味亦淡，初到學生往往不能獲得妥善的照料和安排；同時中國學生聚會碰面的機會過多，對於初學法語的人並沒有好處。除巴黎外，法國還有北香頌（Besancon）、土魯斯（Toulouse）、杜爾（Tours）、保瓦蒂葉（Poitiers）等著名大學，也都設有專供外籍學生學習語言的中心。鄉下的好處是民風淳樸，可以深入觀察法國社會真正的一面，而且較少講中國話的機會。

第二、再回巴黎修習專科。在外地打好語文基礎後，可以回到巴黎專攻某一學科。巴黎雖不是學習語言的好地方，但却是治學、寫論文不可或缺之所

蘇神父（左）與陳源（西瀅）大使在巴黎為我們證婚

在。因為巴黎是人文薈萃暨學術文化中心，名教授多，圖書資料豐富，舉凡國家圖書館（Bibliotheque Nationale）、中國近代資料中心（Centre de Recherches et de Documentation sur la Chine Contemporaine）、法國外交部、海軍部、殖民部等機構之檔案處均集中於此。

為求加強語文的磨鍊，真正瞭解法國社會，最好的方法是住到法國家庭去。不過，法國民族性崇尚個人自由，並不太歡迎因別人的介入而使自己有所拘束，所以不輕易納客。小姐們倒可用幫工方式，每天以若干時間或為法國家庭看顧小孩，或為之清理房間，甚至操刀入廚，均可覓得棲身之所。但對法國家庭也得有所選擇，有的主人夫婦均上班，一日難得碰面交談幾句，有的生性不隨和待客，即使已登堂入室，亦是等於白費。總之，住進法國家庭的主意雖好，但機會却是可遇而不可求的。

有「中國留學生褓姆」之稱的郝思蕾女士（Mme Hausseray）來台時與筆者夫婦合影

「三水」留學生

　　有人把留學生的心理狀態，用「三水」來形容譬喻。即出國前思想純潔如「蒸餾水」，出國後感受學業、經濟、婚姻、生活適應各方面的壓力，志氣易折有如碰到「硝鏹水」，及至闖蕩「江湖」半輩子，到頭來南柯一夢，才警覺自己前途不過如「花露水」。

　　平心而論，留學並不是一件快樂愜意的事。若為念學位，更是一件苦事，而這正是多數留學生所無法超脫的一關。當一個異鄉遊子，遭受了學業、愛情、經濟或工作等方面的嚴重打擊，可能正是他感情最脆弱，內心最徬徨之時，這時也往往正是他思想轉變，鋌而走險之時；若有關當局的負責人（例如文化參事或其他有關方面人員）能適時給他一封情詞懇切的信，加以安慰鼓勵，或許能使他懸崖勒馬，回頭是岸！足見對留學生服務和照顧，是可以加強，並且有待加強的。

　　國家多難，今日母體社會所需要的該是一批喝過「洋水」，具新知識，有新觀念，富幹勁，不亂吐「苦水」，不嫌微薄「薪水」，而又肯腳踏實地流「汗水」，參加國家各項建設的留學生。這是個人參加這次座談會的一點感想！

（原載《自由青年》 61卷4期，頁37-38，民國68年4月）

第八章

我與國研所

我到國際關係研究所（政大國際關係研究中心前身）工作是很偶然的。猶憶民國五十八年夏天，在一次聚會上碰到留法同期好友王人傑兄，他已獲得聯合國文教組織（UNESCO）一項獎學金，即將再赴歐洲進修，所留下在國研所的工作需覓人接替。我對國研所的性質並不甚清楚，對國際問題的研究也不在行，但因聽說在那兒可以定期看到法文報紙和雜誌，不致使我的所學荒疏，所以也就為之心動。在姑且一試的心情下，我依約前往中央日報六樓（位於台北火車站附近，當時國研所所址）晉見吳俊才（叔心）主任。吳主任是我大學時候的老師，我在師大史地系就讀時曾選過他的「印度史」與「東南亞史」兩門課，而且學期成績經常保持在九十分左右；也許是這點關係，雖然畢業多年從未與老師聯繫，但記憶力過人的叔心師還記得我的名字。見面時，吳老師很親切的問我一些家常，在巴黎求學的經過以及研究工作近況。

左起：張麟徵、王人傑、張小康、陳三井

施啟揚

經過這次的面談和辦理一些必要的手續後，我就在同年九月正式加入這個聲譽日隆的研究機構，奉派在國際組工作。

當時國研所分成四個研究組──國際組、俄情組、匪情組與經濟組。國際組召集人是札奇斯欽先生。札奇先生是蒙古籍的國大代表，當時他還身兼中國文化學院史學系主任暨政大邊政學系主任，每天除了照例登中央日報六樓外，還得經常「上山」（陽明山華岡）、「下海」（政大會淹水故有此戲稱），忙個不停。札奇先生精通英、日文，經常參加各種國際性會議，也在國內籌辦過幾次中外學術研討會，素有「會議專家」之稱。他雖身兼數要職，但精力過人，才思也極為敏捷。最值得稱道的是，他看稿子已到一目十行的地步，往往一篇六、七千字的文章只要幾分鐘就可以閱畢，速度之快，實在驚人。他也頗以此沾沾自喜！

民國五十九年四月，國研所喬遷木柵萬壽路新建大樓後，更具規模，環境尤美。在吳主任多方網羅下，人才也極

一時之盛。當時常在國際組「行走」的
「好手」，除施啟揚、李鍾桂夫婦外，
尚有王人傑、王曾才、金神保、陳明、
關中、楊逢泰等幾位年在三、四十歲
之間的朋友，稱得上是國際組的鼎盛時
代。其後不久，國研所另增設邊疆組，
由札奇先生出任召集人，而國際組的
召集人改請立法委員陳紹賢先生繼任。
陳召集人治學嚴謹，看稿子尤其一絲不
苟，而且更能尊重每個人的研究專長；
因此，在這段期間，我撰寫的文稿最
多，從陳委員那兒的獲益也最大。直至
去年，陳召集人因眼疾關係，不得不辭
去召集人的繁重工作，這對於國際組無
疑是一大損失。

與國研所同仁合影。左起：陳三井、邢國
強、王建勛、趙倩、沈鈞傳、張虎。

　　在吳主任主持下的國研所，各方面
的進步（例如研究大樓的興建，圖書資料
的擴充，叢書與期刊的出版，人才的培植
與羅致，學術文化的交流等），乃至於對
國家民族的重大貢獻，都是大家有目共
睹的，不用我在此贅言。我特別懷念的
是，在叔心師的人格感召下，全所上下
所表現出的那種親愛精誠，和睦團結，

其樂融融精神，這是別的研究機關所沒有的。吳師知人善任，沒有門戶之見，待部屬如同家人，經常以積極的鼓勵代替責備；他看重每一個人，也使每一個人自尊自重，視榮譽為第二生命，站在自己的崗位上努力工作。我在國研所濫竽多年，除了撰寫有關歐洲的時論，並偶而客串外賓來訪時的法語翻譯外，談不上任何貢獻。惟吳師不以為忤，一度畀我以更重要的工作——國際組副召集人，這是我始終心感不安，愧怍無以為報者。

民國六十一年六月，中國國民黨中央黨部改組，叔心師奉命接掌文化工作會，不得不離開他朝夕相處的國研所大家庭。當舉行歡送會之日，佳賓雲集，故舊無一不到，場面極為熱烈感人，足見吳師深得人心之一斑！民國六十五年冬，吳師交卸文工會主任職務，奉派為駐薩爾瓦多全權大使，並於翌年二月赴薩京上任履新。

個人有幸，得在吳師主持下的國研所工作多年，此一段愉快經驗，將永誌難忘！

（改寫自拙著《現代法國問題論集》代序，學海出版社，民國66年）

第三輯

師友

篇

第一章

永懷恩師——記量宇師

改變我一生的幾次談話

在人生初航的旅途中，或學術生涯的若干重要階段，若能得到一、二位恩師的啟迪、鼓勵、提攜，甚至隨時指點迷津，當是畢生最令人永誌難忘的美事。個人之所以有幸走上近代史研究的道路，並且以研究中法關係史做為終生職志，無疑地是深受郭師廷以（量宇）的薰陶和影響的。

量宇師是我肄業國立台灣師範大學史地系的老師，先後選修過他的「明清史」和「中國現代史」；他也是中央研究院近代史研究所的創辦人和第一任所長，前後為所奉獻達十五年，不但關係近代史所的成長和茁壯，也影響我一生至深且大。值此近史所四十週年所慶之際，飲水思源，且將量宇師改變我一生的幾次重要談話，從回憶的思緒中做一整理，以誌師恩難忘之深意！

進所前的一次面談

民國五十一年九月底，我剛服完預備軍官役，從金門又回到中部一所中學任教。不久，接到當時在母校師大當助教的同班同學王啟宗兄一封信，他受郭師之託，問我想不想進中研院工作，並要我抽個時間到台北一見當時擔任近史所籌備處主任的郭廷以老師。於是我很快從彰化搭車北上，單騎赴約，就在十月四日的下午，前往和平東路二段一一四巷底的郭府求見。

平常不苟言笑，為人甚為嚴肅的量宇師，這一天卻表現得十分和藹可親，使我感覺輕鬆不少。他先簡單地詢問我的近況，再說明工作的性質。原來近史所從四十八年十月便開始口述歷史的訪問工作，訪問黨政軍元老耆宿，為民國史搜集並整理資料，一週大約訪問一、二次，事先當然要參考尋找相關材料，當場要作錄音或筆錄，事後要整理清稿。講完這些，郭師特別有言在先，因所內編制員額有限，只能給予臨時名義，一個月大約一千三百元左右（當時中學老師待遇約在千

中國近代史研究的拓荒者──郭廷以

元上下），但沒有配給，沒有宿舍，條件並不算很好。

我當場表示，我尚未結婚，生活簡單且無家累，並不計較眼前的待遇和名義，只要有學習的機會，願意一試，甚至爽快地答應，一週內辦妥離職手續，北上到差。沒有任何形式上的聘約，無須任何口頭上的承諾，就憑這次簡短的面談，我便勇敢地放棄了中學教職，義無反顧地踏進了中央研究院的門牆，在最高學術殿堂裡充當一名小兵。這一次面談所帶來的決定，至少對我產生兩點影響：1.改變了我試教一年便已感到厭煩的教書匠生涯；2.從中部一無學術氣息的小鎮，轉移到人文薈萃的南港中研院，就知識層面說，大有鄉下人進城的新鮮和震撼感，自然而然擴大了我的接觸面，讀到許多以前從來沒有讀過的奇書、好書，大開眼界。

出國前的鼓勵與叮嚀

到近史所上班後，我利用晚上時間自行去補習法文，一來得償學習第二外語的夙願，二來彌補在大學期間不知運用良機進修的遺憾！

民國五十三年一月，當我意外地通過一項公費留學考，有機會赴法深造時，據朋園兄相告，人逢喜事（六十大壽）精神爽的量宇師見報不但不生氣，反而為我高興，少不了還誇讚幾句！

當時我剛補上正式助理員不到三個月，想法單純的我實在有點擔心，量宇師會不會放我出去。不料這個令我寢食難安的困擾問題，卻很輕易地解決了。記得是一月十四日上午，他例行地巡班到我們的研究室（我先後與馬天綱、陳存恭共一研究室），劈頭便問我：「你什麼時

民國53年6月20日，郭先生與近史所同仁合影。左起：王樹槐、蘇雲峯、王萍、王家儉、黃嘉謨、史靜波、劉子健、劉鳳翰、郭先生、張存武、張朋園、李本唐、陳三井、李念萱、陳存恭。

民53年，歡迎費正清教授訪所。左起：黃嘉謨、賈廷詩、郭先生、費正清、李田意、劉子健、王樹槐、王萍、張存武、史靜波、王聿均、劉鳳翰、陳三井、陳昔榮。

候走？」我定一定神，心裡有備地回答說：「還沒決定，我覺得這樣一走很對不起老師！」

「那倒不是，年輕人有機會便該出去走走嘛！」他若無其事地說。

我聽了如釋重負，於是補充說：「最快也要到九月。」

「那還早嘛！」他說。

就這樣三言兩語，解決了我心中忐忑不安的難題。有了他的正面鼓勵和開明作法，我才有機會出國進修，開拓更廣的知識視野。

同年九月廿六日，臨別向他辭行，郭師又殷殷叮囑，要我多學習西人治史的方法，注意搜集有關中法關係的材料，尤其要多讀法國漢學家高第（Henri Cordier, 1849-1925）的著作。最後，還介紹了幾位在法國的朋友，要我有空去拜訪。

這兩次的談話，由於老師的通情達理，先是決定了我可以如願到法國念書；其次，他像一盞明燈一樣，指引我走上研究中法關係的道路。

巴黎、凡爾賽一席談

　　民國五十六年九月，我還在法國念
書時，量宇師偕同師母及大公子倞闇兄
一行，從美國到法國遊覽。我曾經陪他
們參觀了羅浮宮、蠟像館、凱旋門、艾
菲爾鐵塔、拿破崙墓，暨凡爾賽宮等觀
光名勝。郭師似是第一次到法國，對羅
浮宮的珍藏和名畫興趣並不大，獨對法
國大革命史饒有興味，對巴黎的古蹟也
感到親切，而於一代偉人拿破崙尤致推
崇。此外，老師對法國菜也頗能欣賞，
更喜歡吃法國的脆皮麵包。

　　在短短兩天的行程中，除了參觀、
拜會和吃飯應酬外，我也有比較多的時
間單獨與老師長談。量宇師所知道的歷
史掌故和政壇秘辛甚多，對所內同仁的
資質和勤惰情形也有不同的評價。而郭
師最大的遺憾，該是三位公子都不學歷
史，頗有衣缽無傳人之嘆！

　　當時我正在撰寫〈中法戰爭時
期的法國對華政策〉論文，我向他
報告早期法國殖民者如安鄴（Francis

民國53年4月18日，駐美大使蔣廷黻夫婦來
所訪談後，於蔡元培館與同仁合影。

民國58年9月3日。郭先生夫婦赴夏威夷講
學，同仁在松山機場送行合影。

127

Garnier）、堵布益（Jean Dupuis）、茹費理（Jules Ferry）等人所扮演的角色，並分析邵循正《中法越南關係始末》一書的優缺點。他要我特別留意，堵布益與雲南回亂及馬如龍之間的關係。

老師尤其關心我博士論文的進度，問何時可以結束？準備幾時回國？他大概看到，我在巴黎做窮學生的日子很苦，因此慷慨地做了兩點承諾：1.有關搜集資料的費用，所裡可以負擔；2.我生活費不足的部分，可以想辦法補助。據郭師表示，有一筆經費（大概指福特基金）可以做特別用途，大約美金二千元範圍內沒有問題。我對他的好意表示感謝，但自忖已離開所（出國便已開缺另補存恭兄，並未留職停薪），不便接受此項補助。不管如何，當你在異鄉孤軍奮鬥，精神極端苦悶，經濟也不是完全沒有壓力，正在徬徨無助的時候，有一個人適時地做出了承諾和保證，伸出了有力的援手，那種振奮和感激是筆墨難以形容的。及至在法的學業告一段落，量宇師又特別向院方爭取名額，並主動滙來了一筆返國旅費，才讓我能順利地攜家帶眷回所服務。

在一般同仁的印象中，量宇師是位木訥、不善言詞，但卻是面冷心熱的長者。民國五十一年十月我之進入近史所工作，五十三年九月的出國念書，五十七年八月之返國服務，可以說是學術生涯中的三個重要轉折，而這三個重要轉折，自知本身是無力也無法完全掌握的，正是那位看來木訥不善言詞，但卻面冷心熱，樂於提攜學生的老師，在不同的時空裡，透過幾次簡短而有力的談話促成的！

（原載中央研究院近代史研究所出版陳三井主編之《走過憂患的歲月——近史所的故事》，頁125-131，民國84年2月）

第二章

沈雲龍研究

近代中國史的一些波瀾

緣起

亦師亦友的沈雲龍（耘農，一九一○～一九八七）先生自去世至今，已近二十載，筆者除了在他生前曾為中央研究院近代史研究所所發行的《近代中國史研究通訊》的「學人簡介」欄[註1]，為他做過介紹外，迄無片紙隻字悼念他，並非大慟無文，而是自忖不擅此類文章之撰寫，何況兩人交往通信資料或因搬家多次已蕩然無存，或因箱篋雜亂始終無暇整理，故每一提筆，便頹然放棄。午夜夢迴，常覺愧疚不已！退休之後，工作壓力稍減，或以此文，權充對長者的一番思念！

著作等身，功在史學

沈雲龍，上海光華大學肄業，曾留學日本明治大學習法政，並非史學科班出身，亦未受過正規史學訓練，更不嫻熟當代西方史學理論，但家學淵源，少時即博覽《綱鑑易

創辦《傳記文學》的劉紹唐先生

民國79年12月17日，與劉紹唐先生合影。

知錄》、《御批通鑑輯覽》、《廿二史劄記》等書，及年事稍長，曾於餘暇點讀《資治通鑑》一遍，尤其欣賞梁任公之《中國歷史研究法》，並喜讀《國聞週報》凌霄一士隨筆及孟森（心史）、柳詒徵所撰明清史料考證之類文章，引發對歷史，尤其對近代史之濃厚興趣。雖說「無師自通」或半路出家，其實由來有自，植基深厚也。

沈老開始撰寫史學文章，大致是在來台之後，而論其產量最豐富的黃金高峰時期，應在民國六、七十年代，而且與《傳記文學》有著極密切關係。《傳記文學》係劉紹唐先生於民國五十一年六月所創辦，紹老廣結善緣，三教九流朋友極多，對沈先生禮遇有加，也經常作東，召宴文化教育界老少朋友，故有「台北孟嘗君」之美稱。自民國四十七年以迄七十六年十月逝世前夕，在這近三十年期間，沈老總共出版專書十六種，其中由《傳記文學》出版者即有七種。另在《傳記文學》撰稿每期一至兩篇，計達二百九十六篇之多。以一位業

餘的史學工作者而言，一生有如此驚人
的產量，能不令以研究為專業的眾多同
行深覺汗顏！

　　筆者在介紹沈氏對近代現代中國史
研究之貢獻時，大致有以下四點歸納：

1. 開中共學術研究之先河；
2. 主持「口述歷史」訪問，保存
　　當代史料；
3. 潛心政治人物之研究，成績卓
　　越；
4. 編印史料叢刊，廣為流傳。註2

　　尤其第二項，沈老曾引胡適之語，
以為要做好「口述歷史」工作，除基本
之史學素養與足夠之近代史知識外，尚
應具備三個條件，即1.有寫真傳神的大
手筆，來記載他們的生平；2.用繡花針
般的細密工夫，來搜求考證他們的事
實；3.用大刀闊斧的遠大識見，來評判
他們在歷史上的地位。註3這三項利器，
無不被後之來者奉為座右銘。

民國78年10月7日，史學界朋友假台北市金
玉滿堂餐廳，為劉紹唐先生設下滿漢全席祝
七十大壽。劉先生伉儷穿戴皇帝皇后盛裝亮
相。左起：陳三井、李雲漢、林泉、王曾
才、陳存恭、蔣永敬、劉鳳翰、陳捷先、吳
伯卿、黃福慶、胡春惠、陶英惠。

與皇帝皇后合影。左為陶英惠，右為筆者。

批判聯俄容共政策

　　國民政府遷台之初，以反共抗俄為國策，為了知己知彼，不僅對中共研究特別著重，於蘇俄的研究也積極鼓勵有加。在研究主題上，孫中山的聯俄容共政策，無疑是這段期間相當熱門的課題。但由於聯俄容共政策的問題牽涉至廣，背景亦相當複雜，影響又極其深遠，因此論者意見分歧，大致可分為兩類加以說明。

　　第一類，可稱為肯定派或叫解釋派，力圖為孫中山的聯俄容共政策找到合理化的解釋，這以國民黨人的論述為最多最為普遍。立法委員崔書琴認為，聯俄容共是孫中山一時的策略，他始終沒有因聯俄而拿他的三民主義去和共產黨人妥協。而促成容共的情勢有三：1.是共產國際命令中共黨員加入國民黨；2.是中共自己決議要加入國民黨；3.是孫中山的一種深謀遠慮，將共產黨員收容到國民黨裏來，由他領導共同推進國民革命，未嘗不是一個指引他們走向正路的方法。至於聯俄容共的影響，作者並不諱言有利也有弊，好的方面是促成了後來北伐的成功，而壞的方面是增加了共黨分子在國民革命軍中發展的機會，擴充他們的勢力。[註4]

　　研究聯俄容共最有系統，引用資料最為豐富的是李雲漢教授。他在《從容共到清黨》一書中特別強調，國民黨之容共實由於聯俄而起，但不論容共或聯俄，都是出於孫中山的決斷。作者指出，孫中山聯俄的用意有二：1.聯俄在防制俄患，特別是防止中國疆土之被侵，防止蘇俄武力與北方軍閥的勾結入侵；2.聯俄在獲取俄援。至於容共的目的也有二：1.擴大國民黨的組織基礎；2.導共產黨員於革命正

路。作者甚至畫龍點睛的説，孫中山的聯俄策略，不僅是制敵機先，抑且要弭禍末來；非但是絕敵奧援，直接是攖其生路。[註5]

前國史館館長黃季陸則認為，「孫越宣言」係出自雙方的需要，俄以外交國防著眼，孫中山則以軍援為急；但孫中山以一弱國之在野黨領袖，能堅持原則，不卑不亢，使強國代表作不利於其本國之聲明，不能不承認其為我國外交史上之一大勝利。孫中山斷然拒絕中共黨員以集體方式加入國民黨，顯已洞燭機先，預為防患。[註6]

中共史家王健民在分析容共政策之背景及孫中山之見解後，特別斷言，孫中山之容共政策「雖決之於危難之間，但以中山先生自信之堅，決不允許共產主義施之中國；以中山先生待人之寬，亦決不慮共產黨人之行不顧言。」[註7]

謝信堯綜合各方面的資料和研究成果，大致肯定聯俄容共政策的行為結果，認為此一政策的實施，代表中國傳統的國父與中國國民黨以及以三民主義為基本的政治文化，不僅得以繼續傳遞下去，而且加以創造和改進。[註8]

第二類可稱之為反對派，其基調在斷言聯俄容共是一種錯誤的策略，這以反共抗俄先鋒自居的中國青年黨人為代表。青年黨在遷台初期所創辦的《民主潮》半月刊，無論是社論或專論，一再指出，孫中山的聯俄容共是一種失策，不但使共產黨得以利用國民黨的護符而便於展開活動，並且使蘇俄共產帝國主義的本質得到一層掩飾」，[註9]具青年黨身分的史學家沈雲龍甚至公開譏評，「聚九州之鐵以鑄成此大錯，終於釀成今日莫大之禍害，中山先生地下有知，應悔聯俄容共政策實一最大失著也。」[註10]沈雲龍在《中國共產黨之來源》一書中，

復對孫中山的失策提出嚴厲批評：「惜乎當時中山先生只注重蘇俄紅軍組織及共產黨紀律之嚴密，決心引為師法，對蘇俄之包藏禍心，中共之陰謀篡奪，雖進言者有人，而均不之信，……遂使俄共得以偽善面目售其奸計。追溯三十年中國動亂之主因，實不能不致慨於聯俄容共之絕對失策也。」[註11]而於「孫越宣言」，沈老亦指出，「從此赤菌附體，潛滋暗長，卒成癰疽，為近代中國寫下了極其慘痛的歷史長編。」[註12]

　　以反共抗俄最早、立場最堅定著稱之中國青年黨，而今眼見中國大陸全部淪入鐵幕；在青年黨人的眼中，「大陸沉淪，河山變色」，孫中山甚至不能脫其責任。沈雲龍以春秋責備賢者的態度，在晚年舊調重彈，對於這段歷史做了這樣申論：孫中山「憤激於軍閥亂政與帝國主義的壓迫，更有感於十月革命的成功，以無比的勇氣和毅力，冒險實行『聯俄容共』政策，希冀利用俄援及中共，突破重重困難，開創新局。不意『老來失計親豺虎』（詩人黃遵憲輓李鴻章句），竟致赤禍披猖，星火燎原，征剿無功，大陸易手，苦我生民，害我國家，……中山先生雖未及見，但地下有知，無疑是引為終天大恨的。」[註13]

　　耘農先生把「大陸沉淪，河山變色」這樣的一件國仇黨爭家恨大痛，歸咎於當年孫中山的聯俄容共政策，認為是孫「老來失計親豺虎」，這需要很大的勇氣。他的基本出發點是熱愛孫中山所創建的中華民國的，但雖屬義正辭嚴，其行文卻辛辣無比，估計一直並不為衛道之士所喜，是否增添了他做為「異議份子」的「身價」，不得而知？至少，在他研究近代中國史的道路上衍生一些波瀾，則是無可置疑的。

出版《黎元洪評傳》，幾乎賈禍

民國四十八年秋，先生應中央研究院近代史研究所籌備處主任郭廷以（量宇）之邀，主持該所「口述歷史」訪問工作，每週訪問一至二次。雖無正式名分，但自此在最高學術殿堂行走，與近代史研究所結緣。筆者初入學院高牆，即有幸追隨沈公訪問，親聆教益。

民國五十二年一月，先生在《新中國評論》連載之「黎元洪評傳」深獲郭廷以先生賞識，由近代史研究所出版，列為該所專刊第七號。同年六月十二日，先生在近史所學術討論會上報告：「我撰寫《黎元洪評傳》的經過」。秉持實事求是的客觀立場，提出對黎元洪的一些個人看法：

1.黎與孫中山、黃興並稱「開國三傑」，實至名歸，絕非虛譽。

2.黎雖非革命黨，但武昌起義後被推為鄂軍都督。除因官階最高外，其人亦有長處，即為人厚道，具新知識。何況在軍隊仍重服從的時代，資歷仍是最

與沈雲龍先生訪南園。沈先生笑眯眯正在講話。右為劉鳳翰、筆者，較遠者為陳捷先。

大考慮。可惜後來與革命黨並未處好。

3.黎雖為舊官僚，但一參加共和，即始終忠於共和。袁搞帝制拉攏他，他不參加；張勳復辟，清朝封他為一等公，他不接受。

4.雖擁兵而不自重，不以軍隊做為個人政治資本，乃民初難得之政治人物。

當時也參加討論會的胡秋原先生，以黎之同鄉（湖北黃陂）身分，提出數點意見，主要有：

1.黎以道德、聲望起家，如黎、孫兩派能結合，民國史將改寫；要對抗袁，孫應聯黎。這是民國的不幸！

2.黎最大的弱點，在左右沒有好人才、好幹部，沒有能為他擘劃的智囊人物。

《黎元洪評傳》出版之後，銷路甚廣，海外的左舜生、雷嘯岑兩先生俱曾撰文介紹，予以好評，但也引起某些衛道之士的攻訐。筆者至少看到兩篇批評性的文章。首先發難的是任卓宣主辦的《政治評論》。在該刊第十卷第六期刊有眭雲章的〈沈雲龍《黎元洪評傳》之辨正〉一文，批評黎傳的內容，立場與主觀太深，「有歪曲事實，詆毀國父及革命先進之處」。作者在文中認為，武昌起義乃革命同盟會同志籌劃發動，並非沈先生避重就輕，輕描淡寫所說的是文學社、共進會之號召。而沈氏在黎傳一開始就講到「開國三傑」的由來，過去從來沒有人講過「開國三傑」，只有薛君度提過孫中山與黃興的二元領導，但沈氏在黎傳中將黎元洪的地位提高，與孫、黃二人並列。所以，眭雲章也批評沈先生這種說法是歪曲歷史。[註14]

更妙的是，《政治評論》第十卷第八期即刊出一位署名鄭志忠

讀者的投書，請求查禁《黎元洪評傳》。他根據眭雲章的文章意有所指的說：「中央研究院，顧名思義，是國家最高的學術研究機構，照理，該院的主旨應該是發展國家科學，宏揚三民主義文化，為何該近代史研究所刊印的《黎元洪評傳》竟歪曲革命歷史，詆毀國父及革命元勳，真是百思莫解！」投書還說，「如果不是眭雲章提到《黎元洪評傳》的作者是中華民國國民，他不敢相信作者是中華民國國民，故呼籲主管當局『肅清思想走私』，禁止中央研究院發行《黎元洪評傳》，查究中央研究院失職之處，以慰國父在天之靈，並謝國人。」註15

緊接著響應的是任職黨史會的姚漁湘，他在《文星》月刊第七十期上發表〈對《黎元洪評傳》的幾點糾正〉一文，除指出黎傳史實上的若干繆誤以及評論不甚公允之處外，主要提出兩點意見：

1.就方法上言，除去少數略有某人著某書外，多未註明引書章節、頁數、出版年月。

2.評論亦欠公允，拿章瘋子（炳麟）的瘋話來罵國民黨，來罵黃興、胡漢民，不是學術著作應有的態度。

姚文的結論認為，從學術的立場批評，黎傳是不夠標準的，而中央研究院近代史研究所居然把這種著作，出為專刊，實為憾事！註16

兩雜誌之先後指責，深文周納，不脫「扣帽子」作風，甚至連累而及於為黎傳作序的張知本老先生，亦頗有微辭，於是反映到中央最具權力的某機關，致函中央研究院查詢，一時院長王世杰、所長郭廷以均甚感張皇。飽經風浪的沈先生對如果僅是文字賈禍，並不甚介意，但若因此而累及郭廷以所長「揹黑鍋」，則於心不安。所幸郭廷

沈先生與郭先生合影

與沈先生的聚宴（一）。左起：張俊宏、黃福慶、劉鳳翰太太、陳三井、沈夫人、劉鳳翰、沈先生、陶英惠、申淑雲、林能士、陳存恭、林忠勝、嚴錦。

以先生毫不畏怯，挺身而出，於是年九月七日正式申覆，逐條代為辯正，並且在結語中嚴正的說明，黎傳「僅係敷陳歷史事實，絕無誣衊國父之意，若僅就二、三點尋章摘句，挾以主觀成見，且逾越批評範圍，此種風氣一開，勢將無人敢於研究我國史矣！」又說黎傳「是一部值得重視的信史，取材甚豐，持論平允，使黎氏的功罪是非，昭然可鑒；且可澄清社會上若干不實不盡的傳說，相信每個人都樂於閱覽的。」[註17]以量宇先生當時的黨政關係，他敢於如此負責的表態，一切自然煙消雲散，化波瀾於無形。

中俄友好同盟條約與王世杰功過

除因批評孫中山的聯俄容共政策惹人注目與出版黎傳所引發的一些波瀾外，沈雲老對前中央研究院院長王世杰在外交部長任內於民國三十四年日本無條件投降之際，與蘇俄簽訂中俄友好同盟條約一事，亦極表憤慨與不齒！民國

六十九年沈氏在《傳記文學》發表〈三個中俄友好同盟條約的歷史教訓〉一文，文中除細述三個條約的簽訂經過與歷史教訓外，對於王世杰的部分有這樣一段責備的重話：

> 由於主持外交的宋子文、王世杰歷史知識的貧乏，不僅對李（鴻章）、微（德）約所引起的嚴重後果，未能引以為戒，即民國以來帝俄、蘇俄對華的種種侵略，亦似茫然無知，以致重蹈覆轍。不過宋子文寧辭外長而不願自己簽字，以免後世唾罵，總算是聰明的。……民國三十五年三月，國民參政會在重慶開會，參政員胡秋原質問王世杰為何要訂此約？王答：「此約可保三十年和平。」較當年李鴻章傲然自得的口吻，尤勝一籌，想不到未及四載，竟使東北及全國陷於大亂，最後且斷送了大陸！中國歷史上官僚主義的誤國，殆無有甚於此者。假使堅持不訂此約，採取『不承認主義』，先行以全力肅清長江以北共軍，逐步推進，穩紮穩打，然後使國際觀感一變，更行規取東北，或不致迅速失去大陸。書生之見，似可供研討。註18

關於王世杰、宋子文兩氏在民國三十四年間對中蘇友好同盟條約談判與簽訂的功過是非問題，《傳記文學》先後刊出廖頑石、倪渭卿、王學曾、楊元忠、吳相湘、蔣永敬等先生有關此類問題討論的書簡和文章甚多，有謂王係「代人受過」，欠缺「有所不為的骨氣」，註19甚或謂「這樣一個喪權辱國的條約，宋子文拒簽而簽在他手中，這就不是學識的問題，而是為人的問題了。」註20惟《傳記文學》編者按說得好：所謂中蘇條約，其實只是雅爾達協定之「施行細則」而已。中國方面（包括最高當局蔣委員長）不但「不知情」而且必須「照辦」，宋子文雖向史達林據理力爭，僅能在枝節上有若干影響，根本不能動搖史達林既有的決定。至王世杰僅係按規定以外長身分簽字而

與沈先生的聚宴（二）。左起前排：林泉、
沈先生、沈夫人、陳三井。後排：陳存恭、
劉鳳翰、嚴錦、陶英惠。

已，根本無政策上或行政上的責任或過失可言。縱然王世杰辭職或拒簽，中蘇條約亦必然成為事實。一個歷史事件，論功過是非必須根據史料，自非三言兩語所可定論。[註21]這是符合史實而十分客觀的說法，無異在王世杰逝世後還他以公道。

研究雅爾達密約與中蘇關係的大陸學者王永祥，對王氏的責任問題亦做了「蓋棺論定」的總結。他首先引用蔣永敬教授在《傳記文學》等刊物上發表的文章，依據中國國民黨黨史會所藏之中蘇交涉文獻，明確指出：外蒙古問題係由中國國民政府最高當局所決定。這一結論，與歷史的真實相符！王永祥還說，決定接受蘇聯關於外蒙古從中國獨立出去這一要求的，並不是王世杰，也不是宋子文，而是蔣介石。蔣介石對於這一問題的思考在於以下三個層面：

1.蘇聯對外蒙古獨立的要求是「志在必得」，而中國方面所堅持的允其「高度自治」和「准其駐兵」等方式，均不能滿足其欲望；

2.外蒙古在事實上「已為俄佔有」，中國方面「如為虛名而受實禍」，此「決非謀國之道」；

3.唯有在外蒙古問題上「忍痛犧牲」才是唯一良策，因為不如此，則「協定無從成立」，「東北與新疆各種行政之完整無從交涉，共黨問題更難解決。」

於是蔣介石決心以在外蒙古問題上的讓步做為與蘇聯協商東北、新疆與中共問題的交換條件。蔣介石的這一主張，得到了國民黨和國民政府中主要人物的贊同。正是在此一背景下，蔣介石一連數電，指示宋子文、王世杰在外蒙古問題上與蘇聯談判的目標與策略，並最終獲致允許外蒙古戰後獨立的協議。蔣氏在民國三十六年三月二十一日的中國國民黨三中全會的政治報告中，曾對此有過明確說明。他這樣說：「外蒙古的問題完全是我個人的主張，不能怪外交或軍事方面負責的人，這在歷史上我個人負責與外交當局沒有關係。這個政策是我決定的，我相信我決定這個政

與沈先生的聚宴（三）。前坐者左起：沈雲龍、孔德成、劉紹唐。站立者左起：陶英惠、林泉、張玉法、李雲漢、王曾才、呂實強、蔣永敬、陳三井。

策沒有錯誤，而且依據外蒙古當時的情形，應該給他們獨立。」[註22]沒有想到，沈雲老的一篇文章引發後來這麼多的爭論，好在真理愈辨愈明，讓證據說話是研究歷史的重要法則。有人質疑，雲老是否因在中研院受阻於王世杰而未得任何正式名分，故「挾怨報復」，那就幾近「以小人之心度君子之腹」了。事實上，沈氏研究近代中國史，講的是大是大非，其個人已從公門退職，絲毫無奔競之心，對研究員、副研究員之類的名義，殊覺無足輕重，得之並不引為榮，失之亦無所謂辱。故「挾怨報復」說，實不值得深論！

（原載《傳記文學》539期，頁29-35，民國96年4月）

註1：陳三井，〈學人簡介沈雲龍〉，中央研究院近代史研究所編，《近代中國史研究通訊》，第2期（民國75年9月），頁69～77。其後收入沈雲龍著，《民國史事與人物論叢續集》（傳記文學出版社，民國77年），改名為〈史學家沈雲龍傳略及其著作〉，頁513～535。

註2：參看註1頁70～71；頁514～515。

註3：沈雲龍，〈口述歷史與傳記文學〉，《傳記文學》，2卷5期（民國52年5月），頁5。

註4：崔書琴，《孫中山與共產主義》（傳記文學出版社，民國73年），頁19～43。

註5：李雲漢，《從容共到清黨》（中國學術著作輔助委員會出版，民國55年），頁192。

註6：黃季陸等，〈出席國際孫逸仙先生研討會報告〉，收入《孫中山先生與辛亥革命》（中華民國史料研究中心編印，民國70年），上冊，頁14～15。

註7：王健民，《中國共產黨史稿》（作者自印，無年代），第一編，頁100。

註8：謝信堯，《國父聯俄容共政策研究》（帕米爾書店，民國70年），頁376。

〈二十七年來的中國青年黨〉，《民主潮特刊》（民國39年12月），頁1～2。

註9：沈雲龍，〈黨慶日憶曾慕韓先生〉，《民主潮》，4卷18期（民國43年），頁5。

註10：沈雲龍，《中國共產黨之來源》（自由中國出版社，民國47年12月），後收入氏編《近代中國史料叢刊正編》（文海出版社，民國55年），頁37。

註11：沈雲龍，〈三個中俄友好同盟條約的歷史教訓〉，《傳記文學》，36卷4期（民國69年4月），頁18。

註12：沈雲龍，〈孫中山先生逝世六十週年暨120歲誕辰紀念〉，《傳記文學》，47卷5期（民國74年11月），頁12。

註13：眭雲章，〈沈雲龍《黎元洪評傳》之辨正〉，《政治評論》，第10卷第6期（民國52年5月），頁21～23。

註14：鄭志忠，〈請查禁《黎元洪評傳》〉，《政治評論》，第10卷第8期（民國52年6月），頁7。

註15：姚漁湘，〈對《黎元洪評傳》的幾點糾正〉，《文星》，第70期（民國52年8月），頁59～60。

註16：沈雲龍，〈敬悼郭量宇先生〉，《傳記文學》，第27卷第5期（民國64年11月），頁48。

註17：沈雲龍，〈三個中俄友好同盟條約的歷史教訓〉，《傳記文學》，36卷4期，頁21～22。

註18：楊元忠，〈我對王世杰先生的看法〉，《傳記文學》，53卷1期（民國77年7月），頁106。

註19：國是研究社（黃養志等），〈外蒙獨立的經過及其獨立後對我國防之影響〉（下），《明報月刊》，100期（1974年4月），頁111。

註20：編者按語，置於蔣永敬〈宋子文史達林中蘇條約談判紀實〉一文之前。參閱《傳記文學》，53卷4期（民國77年10月），頁76。

註21：王永祥，《雅爾達密約與中蘇日蘇關係》，台北東大圖書公司，民國92年，頁499～500。

第三章

史緣書緣憶衡道仙

結緣史蹟會

如大家所熟知，林衡道先生是研究臺灣史的前輩，素有「臺灣史蹟百科」的美譽，不僅著作等身，而且風雨無阻率領著年輕同好，「從臺灣頭到臺灣尾」到處勘考古蹟。更經常在電視上開講「臺灣民俗」，在報章雜誌上發表有關臺灣古蹟、風情和軼事方面的文章，是知名度甚高的文化人之一。

我本來是個與臺灣史沾不上邊的人，卻與臺灣史蹟（源流）研究會結下一段不尋常的緣份，也在那個會上認識了林衡道教授，從此建立了長達二十多年的純正公誼。

記得民國六十五年初，臺北市文獻委員會在銘傳商專主辦臺灣史蹟冬令研究會，由於副主任委員兼執行秘書王國璠先生的力薦，邀我在那兒濫竽充數擔任研習組長，因而與擔任「臺灣古蹟」講座的衡道先生認識。林先生塊頭高大，不修邊幅，兩眼炯炯有神，對我這個後生晚輩第一眼的印象，顯

民國83年攝於自宅

林教授的註冊商標

然並不深刻。

　　所謂研習組長，並無上課的壓力，主要扮演的角色有二：1.在每位講座講課前，先用幽默感性的話開場介紹（這是過去所沒有的），一者拉近主講人與聽講者之間的距離，一者引發學員的學習動機和興機；2.主持分組討論，討論主題是「如何加強臺灣文物與古蹟的維護」。當時我透過個人交情，特別請到「四大天王」──臺大的王曾才、陳捷先、師大的王家儉和政大的陳聖士四位教授出任輔導教授，大家有聲有色的主持分組討論，增強了研究會的學術氣息。因此，逐漸取得衡道仙的信任，並開展了其後更多的接觸和共事機會。

　　以後，中央研究院近代史研究所舉辦研討會，曾多次邀請衡道先生來參加。每次，他都全神貫注的聽報告，並常在報告一結束便迫不及待的舉手要求發言。他的發言並不長，而且言之有物。到了八十年代，衡道教授也經常出現在中華民國史料中心所舉辦的有關臺灣史的小型研討會上，他照樣一馬當先

發表高見。口氣有時相當嚴厲，令年輕後進頗有「被修理」的尷尬感覺！

書緣誼常在

　　我與衡道仙並無私交，亦談不上深交，除了開會偶而碰面作禮貌性的寒暄問候外，最值得回憶的應屬書緣。

　　民國六十五年四月，臺灣史蹟研究中心成立後，積極進行《鄭成功全傳》一書的編纂，承王國璠先生之命，以我掛名總纂，並約集了王曾才、張勝彥、陳捷先、李國祁、黃富三、陳聖士等教授，共同完成了迄今為止還算相當詳贍而具新意的一部鄭成功傳記。我也義不容辭的撰寫第四章「驅荷與開臺」，並真正挑起全書的貫穿整合與細校工作。稿成後，本書監修兼審查人林衡道教授從學術觀點予以肯定。他特別提出對該書的三點要求：1.行文必忠義是歸，而貶千秋頑儒；2.命辭必以淺顯是尚，庶使人人可讀；3.尋事必以翔實是據，俾免肸響未通。並說：「比閱此傳，無不週備。宜所謂全傳也。」註1 這是很能鼓勵初窺臺灣史門牆者的話。

　　有了《鄭成功全傳》的成功經驗，為了慶祝中華民國建國七十週年，王國璠先生又有新點子，他想編纂一部《臺北市發展史》，這與《臺北市志》的修纂不太一樣。可以有較大的自主性和彈性，無論體例或文稿不必送請內政部核定或審查。這一次，我又順理成章擔任總纂，透過個人與學界關係，約集不少學者專家分別執筆，自己也撰寫了臺北市的「外交」與「學術」兩篇。基於文責自負和尊重學者的原

則，我雖是總纂，幾乎一字未動。衡道先生當時亦兼任臺北市文獻委員會委員，從體例的擬定到文稿的審核，他都全程參與並付出了很大的心血，使得這一套四巨冊的《臺北市發展史》[註2]能夠順利出版。

王國璠先生因為每年與救國團合辦「臺灣史蹟源流研究會」的關係，其個人又收藏不少關於臺灣史蹟的珍貴圖片，因此救國團執行長宋時選便希望他為幼獅公司編寫一套教學用的「臺灣史蹟源流掛圖」。王先生雖然答應了，但苦於身體多病，兼以雜務繁多，所以一拖數年並未繳卷。後來幼獅公司採用「綁人逼文債」的高招，某日大清早便把王先生大駕請到幼獅公司樓上寫字間，專心撰稿，衡道仙與我成了「陪伴人質」，從旁協助，就王先生已撰部分考訂史實與斟酌文字，並選擇圖片配合。我還臨危受命，用現成的材料，補撰「民族英雄鄭成功」、「驅荷開臺垂千古」兩篇。就這樣工作到深夜，總算大功告成。所以這一套掛圖能夠從「難

林教授帶領參觀古蹟盛況

產」到順利面世，固然是宋時選先生的大力促成，而衡道仙和我的「助產」催生，也不無微功！

　　衡道仙著作等身，但他會寫小說，恐怕是比較鮮為人知的一面。早在民國六十八年，他便由青文出版社出版過《前夜》，但書已售罄，青文要再版。衡道仙不知何故，竟然找上我寫序，我何德何能，豈敢擔此重任？最後，熬不過他的誠懇「拜託」和青文出版社發行人黃寄萍（衡道仙恩人黃樹滋的公子）的親自登門遊說，遂勉強答應。事先，除了再三咀嚼原著和任卓宣的序外，並特別重溫狄更斯的《雙城記》與歌德的《少年維特的煩惱》，做為啟發靈感的參考，終於撰成一篇約三千字的序─〈我讀《前夜》〉，並曾以〈終有破曉時分─讀林衡道的《前夜》〉為題，發表在民國八十年一月十八日的臺灣新生報副刊。其中有一段是這樣寫的：

　　《前夜》是為這個充滿光明和黑暗時代的苦難臺灣同胞而寫的，它也道出了日據時期臺灣知識份子苦撐待變的心境。對於飽受日本殖民統治的臺灣同胞而言。它將是一個否極泰來的時代。作者在結尾時說得好：

　　「前夜雖然漫漫，但終有破曉時分。

　　黑夜將盡，黎明就在眼前了！」

　　是的，熬過了漫漫長夜，黎明還會遠嗎？留得青山在，總有否極泰來的一天！

　　我知道，我自己並不是衡道仙找人寫序所考慮的第一人選；我也不知道，我的序有沒有傳達他所要傳達的那種「小說是時代的反映」的訊息。多年以後，當我讀到國史館所出版的《林衡道先生訪談錄》註3時，我才發現，他寫《前夜》雖是虛構的小說，但卻都是他個人親

身經歷的實事，藉以批判日據時代臺灣人與日本人結為「生命共同體」的一段歷史。[註4]這一點，我在寫序時卻未曾體會到，對衡道仙頗有「佛頭著糞」的唐突之處！

民國七十九年，連戰（永平）先生主持臺灣省政，為了克紹其先祖連雅堂先生撰寫《臺灣通史》的餘緒，吩咐臺灣省文獻委員會纂修《臺灣近代史》。該書起自清道光二十年，以民國七十九年為斷限，計分政治、經濟、社會、文化四篇，以李國祁先生為總纂，呂實強、黃富三、蔡明哲、陳捷先四位先生為副總纂。個人因事忙僅擔任監纂，負責撰寫政治篇〈光復後臺灣的政治情勢的演變〉一小節。衡道先生則擔任顧問，每會必到，每次必對體例、撰寫方法和內容、使用名詞等有所建言。政治篇率先於民國八十四年六月三十日問世，聞衡道仙對該篇總體成績尚表滿意，而於其他三篇之撰稿教授遲遲未交稿，以致稽延出版進度，則頗有微詞！

其間，我與許雪姬小姐展開對林

筆者與許雪姬教授做口述訪問時
合攝於林宅

衡道先生的個人訪問。此一訪問紀錄後由楊明哲先生整理，於民國八十一年十二月由近史所出版。在訪談時，由於涉及的許多當事人或其後人尚還健在，所以衡道仙的談話相當謹慎並有所保留，一再關照「這一段不要記」、「現在把錄音機關掉」等等。他用心良苦的以「臺中某大紳士」、「中部來的大先生」來暗喻林獻堂先生，以「大紳商」影射辜振甫先生，而「某長官」指的是當時擔任民政廳長的高育仁先生。他之所以不願直書其名，倒不一定是鄉愿，而可能是心存厚道，或者是不希望節外生枝，惹來一些不必要的麻煩！

得意和失意之間

正因為近史所出版的《林衡道先生訪問紀錄》有相當多的遺漏和保留，所以後來衡道仙又接受國史館訪談，再出版一本角度不完全相同卻比較詳細的《林衡道先生訪談錄》。在後出的這本《訪談錄》中，衡道仙對自己的內心世界有較多的裸露，這其中有畢生的遺憾，有得意之舉和失意之事！

他在留學日本所接觸的是德奧的學問，他開口閉口喜歡談的是馬克斯（Karl Marx, 1818-1883）、韋伯（Max Weber），年輕時醉心的是俄羅斯文學，而卻不曾到過這三個國家參訪遊覽，故引為終生遺憾！

他最得意的事，於公而言，無非是擔任省文獻委員會主任委員五年，有許多的建樹，包括發掘人才、主辦臺灣史蹟源流研究會以及出版許多書刊等等；於私而言，他後半生有一位得意門生—邱秀堂小

姐，她幫他口述出版《臺灣風情》[註5]，她幫他辦理八十壽宴，並協助編寫《林衡道教授八秩華誕特刊》。在衡道仙臥病醫院期間，不辭辛勞經常跑醫院，「衣不解帶」地陪伴他老人家走完人生最後一段旅程的，也是邱小姐。人生在世，得一如此貼心「孝順」的弟子，衡道仙可真死而無憾矣！

但衡道仙心中仍有遺憾，仍覺失落！光復後即加入中國國民黨，曾當選臺北市黨部第一屆委員、臺灣省黨部第一屆候補委員、委員的衡道先生，自認一生忠黨愛國，對國民黨仁至義盡，卻連中央委員的頭銜都沒有當過[註6]，這無疑是他念茲在茲最失意並引為畢生最大的憾事！據個人所知，林先生在卸任省文獻會主委之後，曾一度有意爭取出任考試委員，可惜天不從人願，也沒有成功。人生本來就是許多得意和失意交織建構的綜合體，不可能盡善盡美，盡如人意！

安息吧！衡道仙，您的舞臺本來就在山林之間，而不在廟堂之上。您走

林教授的得意女門生──邱秀堂小姐

後，留下那數十本既傲人又耀眼的著作，此生已不虛，夫復何求？何憾之有！

（原載行政院文化建設委員會 台灣省文獻委員會編印之
《林衡道教授紀念文集》，頁16-21，民國87年5月初版）

註1：《鄭成功全傳》（臺灣史蹟研究中心印行，民國68年6月），林衡道序，頁4。

註2：《臺北市發展史》（臺北市文獻委員會，民國70～72年），四冊。

註3：卓遵宏、林秋敏訪問，林秋敏紀錄整理，《林衡道先生訪談錄》（國史館，民國85年10月）。

註4：《林衡道先生訪談錄》，頁364。

註5：林衡道口述、邱秀堂整理，《臺灣風情》（聯經出版公司，民國85年8月）。

註6：《林衡道先生訪談錄》，頁351。

第四章

追憶一位可敬的教育家：梁校長

梁校長永燊於一九九四年十月廿七日因肺癌在香港病逝，消息傳來，台北教育學術界相識的朋友無不黯然神傷，哀慟萬分，除了感嘆「好人未必長壽」之外，咸認不僅國家失去一位忠貞幹練之士，教育界失去一位有理想有抱負的教育家，最令朋友傷心落淚的是，大家失去一位有為有守，可以談心、交心的好朋友。

結緣的開始：三次學術研討會

我與梁校長原來並不相識，大概透過當時在港大執教的林天蔚教授以及其他同行朋友的薦介，使我有幸在一九八〇年代初期，繼台北之後追隨大隊人馬移師香江，一連參加了三次由珠海主辦的國際性學術研討會。

第一次為一九八一年九月，主題是「孫逸仙博士與香港」，我除了宣讀〈香港「中國日報」的革命宣傳〉論文外，並擔任陳錫

餘教授〈孫逸仙博士的革命與宣傳〉一文的評論。

第二次為一九八五年十一月，主題是「孫中山先生與中國現代化」，除了提出〈從文化層面探討中山先生思想的現代性〉一篇報告外，並擔任一場主席及李又寧教授〈孫中山先生與民元後的婦女運動〉一文的評論。

第三次為一九八六年十一月，主題是「中國近六十年來之憂患與建設」，我提出的論文是〈蔣中正先生與台灣的光復〉，但因為入港簽證趕辦不及，論文請王綱領教授代為宣讀，因此我並未實際到場。

三次研討會的主題都很有特色，其論文和討論過程，都分別在《珠海學報》的第十三、十五、十六期以論文專集的型式刊載過。

梁永燊校長

梁校長親自到機場歡迎台灣學者。
右一：王曾才，右二：李國祁。

與林天蔚夫婦參觀聯合報南園

透過這三次會議的多方面接觸，對珠海的校務有較多的瞭解，對梁校長的治校理念和領導風格也有更深一層的認識。

據個人所知，這三次研討會雖然盛況不如台北，但都辦得有聲有色，不但抱怨的朋友很少，而且在在予人有「賓至如歸」的感覺，主要因為梁校長好客，事先的規劃週密，並且每次都親自到機場迎送，待人熱絡親切，沒有親疏大小牌之分，令人有一見如故，如沐春風的快感！

梁校長的好客，更表現在每次研討會的惜別晚宴上，通常都在香港仔珍寶海鮮舫上舉行，每當酒酣耳熱之際，與會學者專家尚有精彩拿手的餘興節目表演。梁校長的酒量豪興也在這個場合適時的展現出來。有一回，單在我們桌上，由於他的「介入」，便喝掉四瓶法國好酒Remy Martin，以致素有「酒聖」、「酒仙」之稱的台北酒國眾英豪，個個回到旅館都有些蹣跚失態！

筆者在「孫逸仙博士與香港」研討會上宣讀論文

筆者在研討會上發言

梁校長與法國教授畢仰高（Prof. L. Bianco）交談

梁校長陪同與會學者參觀國父故居——紅樓

梁校長在珍寶海鮮舫宴請學者，左起：劉家駒、王爾敏、陳三井、梁校長。

禮聘客座教授的辛酸

珠海是個私立書院，堪稱「先天不足，後天失調」，無論在師資，設備或學生素質等條件方面，甚難與公立的港大、中大相比，即使與教會所辦的浸會學院（現已改為浸會大學）相比，恐怕也有所不足，但有時別人對它的要求卻是「既要馬兒好，又要馬兒不吃草」，這一點頗讓梁校長左右為難，甚至「有志難伸」。但當年曾創辦培知中學，又歷任珠海訓導長、副校長的梁校長，卻展現出一股不服輸的精神，努力為珠海提升地位，增加榮光。他以其兩任僑選立委和長年擔任僑務委員會委員的身份和豐沛人脈，僕僕風塵於港台之間，為珠海向教育部或相關單位爭取更多更大的資源，也與台灣政治大學建立起新聞系師生的交換關係。除了資源的爭取外，師資的增強也同時進行，梁校長的構想很簡單，不外想促進港台之間師資的交流，並為珠海注入一些新的質素。所以珠海的文史研究所，在教育部的名

額資助下，先後曾從台灣禮聘方豪（杰人）、宋晞（旭軒）、戴玄之（祖典）等教授去主持所務，並有劉鳳翰、王家儉、王聿均、陳存恭、胡春惠等教授去短期講學。

梁校長每次來台北，早期多下榻在火車站前的青年會旅館（Y.M.C.A.），以後則宿於信義路的立法院招待所。他一到台北，或許因為我常川在所比較容易聯絡的關係，常常打電話找我，主要想在開會公忙之餘找幾個熟朋友敘敘聊聊，因此印象中蔣（永敬）、李（雲漢）二公、王壽南和我常是他的座上客。吃飯地點他比較偏愛位於林森北路，以粵菜聞名的龍江大飯店，而且每次都搶著付賬，堅決不讓我們有機會回請。

見面時間多了，後來他並派給我一個「任務」，代為物色介紹去珠海接棒講學的教授，其中包括經濟、企業、歷史三方面的教授。遺憾的是，經濟、企業方面的教授較難物色，有的因條件不能相互配合，有的有休假問題，所以在

民國71年，梁校長獲頒一等華夏獎章，在陽明書屋與黃季陸、秦孝儀暨史學界人士合影。

這方面完全交了白卷,並沒有幫上忙。歷史方面,我的人頭比較熟,雖也有不成功的個案,倒是鄭重其事的介紹過幾位,包括目前尚在亞洲研究中心出力的胡春惠教授。為此,老朋友曾有戲稱,我好像是珠海在台的「代理人」,事實上我從未有如此想法,也不敢以此自居,只是念在梁校長的誠懇和私誼,純為朋友幫忙出點主意而已!梁校長先後與這些「客卿」相處,大致都還算愉快,只是難免有些人忘了自己的身份,偶有份外的要求和舉動,令他為難。即使如此,他也從不在我的面前揭露他人之短,真正做到了「君子交絕不出惡言」的寬宏大量風範!

「亞洲研究中心」的醞釀

與梁校長每次促膝長談,都會覺得他不但知識廣博,而且因為置身資訊最稱自由發達的香港,見聞也極為豐富,特別是不論對國際情勢或大陸現況,乃至九七以後兩岸前途的發展等,都有深入而過人的見解。最難得的是,他沒有一般知識人的偏執,更沒有一般科班教育家的自以為是,他尊重別人,樂於多聽聽別人不同意見。可惜最近幾年,他的身體並不好,我也未到香港開會,所以見面長談的機會便越來越少了。

據個人記憶所及,在台灣尚未開放大陸探親之前,梁校長最早的構想,是想利用香港的地緣關係,仿香港大學的「亞洲研究中心」,在珠海成立一個類似「中國現代中心」,先從搜集大陸、台灣、港澳等地的資料著手,漸漸發展成為一個研究重心,將來提供政府決策或

民間行事參考。

　　香港雖得地利之便，搜集大陸和台灣的資料較為容易，但「萬事俱備，仍欠東風」，一切有待教育部大力的支持。後來有一次，他興奮的告訴我，「教育部已經批准了」，言下之意，當然為理想能夠實現而頗感快慰！

　　這個中心終於一九九二年成立了，但名稱一變而成「亞洲研究中心」，梁校長自兼主任，以研究港澳問題，中國問題乃至亞洲問題為宗旨，中心並出版有「亞洲研究」定期刊物，現已出刊十三期。承梁校長及胡春惠主編的美意，每期均獲贈一份，得以一窺該中心的種種活動。希望透過「亞洲研究」這個「鏈環」，帶動珠海在文化學術界扮演更為積極而重要的角色，相信梁校長若地下有知，這應該也是他所樂意見到的！

（原載香港珠海書院亞洲研究中心出版之《梁校長永燊教授紀念集》，
頁303-307，民國85年2月）

第五章

敬悼一位謙謙君子：梅培德先生

民國九十四年五月卅一日（星期三）下午在研究室，忽然接到朱紹宗秘書長和張明玉組長來自倫敦的國際長途電話，下意識便有一種不祥的感覺，果不然電話的那一端，傳來梅培德理事長已經不幸在倫敦旅次病故的消息。一切來得太突然，太令人錯愕，讓我半晌說不出話來，最後只能喃喃地說：「怎會這樣子？」、「這怎麼可能？」卻打從心底不住地抗議：「天公怎可不疼好人！」、「上帝怎麼如此不公平？」

對華僑協會總會來說，梅培德先生就像一顆彗星，他崛起得快，走得更是令人十分意外。記得第一次相識，是二〇〇〇年三月末的某一天，地點就在他下榻的富都大飯店，那是沈大川兄介紹張存武、張啟雄和我與他見面的。當時，他簽名贈送每人一冊他的回憶錄──《鑑往知來》，他的字挺拔有勁，他的臉頰比書中的照片稍嫌瘦削，也略顯蒼老。印象中，他的話不多，但簡捷有

民國93年4月11日，華僑協會總會召開第16屆第一次會員大會。右：梅培德，左：趙從堂。

民國92年12月6日，在國父紀念館舉行的「時代變局與海外華人的族國認同」研討會合影。

力，是一位謙謙君子，更是一位和藹可親的長者。後來，在大家全力支持下，他一帆風順的由理事、常務理事而登上理事長的寶座。於是，我們僑協有了一位新的領導人。

忝為本會常務理事之一的筆者，與他自然有比較多的見面和互動機會。他出差出國的機會不少，每次幾乎都找我暫代職務。行前，他會親自打個電話，聲音渾厚的說：「陳博士，這次要辛苦您啦！」回台後，無論工作再忙，他都會禮貌性的再撥個電話親自道謝。經過幾年相處，得知梅理事長是個沒有心機，與世無爭，不喜與人爭的謙謙君子，但卻因緣際會的誤闖「僑協」這塊已逾六十年老招牌的「叢林」，身不由己的捲入了一些看來莫名其妙的茶壺似的人事風暴。每次他在主持完會議，飽受挑戰與幾近羞辱之後，都頗有悔不當初的感慨。身為晚輩的筆者，冷眼旁觀，只能稍加安慰，希望他勇敢地走出周遭的陰影，大步向前，以政績來換取廣大會員「公道自在人心」的肯定。

　　果不然，以他國內外良好的政商人脈關係，積極開拓會務，在短短數年之間，一口氣在美國、加拿大、澳洲、法國、英國等各大城市，先後成立了十多個分會。這種過人的魄力與大膽的做法，是過去歷任理事長所難以望其項背的。正因為這種劃時代的創舉，不但澆熄了少數的異聲與雜音，也讓他順利蟬連了第二任理事長。就在他為繼續拓展會務，馬不停蹄、僕僕風塵於路上時，卻不幸累垮了，病倒了，真正做到了「鞠躬盡瘁，死而後已！」

　　安息吧！梅理事長。後死的我們，不會忘記您那謙沖的胸懷，更不會抹煞您的貢獻！

（原載《僑協雜誌》93期，頁10-11
，民國94年7月）

同一會場，與梅培德、朱紹宗、張明玉合照

民國90年11月9日，攝於華僑協會總會邁阿密分會成立會場。左起：朱紹宗、陳三井、梅培德、梅惠照。

祝賀團一行於邁阿密海族館廣場前留下倩影

第六章

鄭彥棻先生在里昂

忝為留法後輩，個人復因研究勤工儉學與里昂中法大學的關係，得有機會數度向彥公請益；他老人家不僅古道熱腸，樂於助人，而且著作等身，一直到現在仍然奮筆寫作不輟，凡有新作，必定見贈。隆情高誼，令人銘感！

彥棻先生是里昂中法大學畢業生當中，在政壇表現最為傑出的一位。他在里昂和巴黎大學統計研究所的求學過程，雖已有專書《往事憶述》與專文〈回憶就讀中法大學，永懷吳校長稚老〉加以敘述，惟根據筆者所獲得的若干第一手材料，仍有可稱述而足為補充者，爰成此文，藉以祝賀彥老的九十嵩壽。

在里大的學生專檔資料

里昂中法大學創立於一九二一年，歷經內憂外患，勉強維持近三十年。第二次大戰

里昂中法大學外觀

民國10年10月，吳稚暉校長向里昂中法大學
師生講話。

期間，校舍一度為德軍佔領，改為軍用醫院，勝利後始收回。至一九四七年，里大因經費難以為繼，各項活動始告停頓，校務也跟著結束。

里昂中法大學前後共有四七三名學生註冊，各生按入學先後編號，每人有一卷宗，留下各項生活與學習活動的記錄。這些資料最初由里昂第三大學中文系保管，現已移交里昂市立圖書館。民國七十三年冬，里昂第三大學中文系主任托馬教授（Prof. Leon Thomas）暨夫人應教育部之邀請來臺訪問時，曾受筆者之託，將彥棻先生個人全部檔案，拷貝一份轉贈彥公留念。

彥棻先生由國立廣東大學選派赴法，入學里昂中法大學的時間是民國十五年四月二日，當時建檔的號碼是一八二，這份身家資料（Bulletin d'Identitě）所載項目大致有姓名、出生日期與地點、父母姓名、婚姻狀況、畢業學校、保證人、健康情形、學習志向等。根據這份資料，較值得注意的有三項：1.彥棻先生的外文名字是（Cheng

Yin-Fun）；2.他所填的出生日期是一九
〇四年一月一日；3.當初他的學習志向
是政治經濟（Economie Politique）。

在花園中學的成績

里昂中法大學，一稱中法學院
（Institut Franco-Chinois），所謂大
學，不過是一塊招牌，實際距離大學的
標準尚遠，它的性質跡近在國內為勤工
儉學生所辦的留法預備班，頂多只是大
學的預科而已。因為它既沒有自設的大
學專門課程，也沒有自設的大學專任教
師，其主要活動在於組織一些特別演講
會與法文補習，以及為理科學生特設的
數學、物理複習課等。

職此之故，中法學院在學習方面所
能提供的最大服務，就是為學生延聘教
師，補習法文，以提升語文的各項運用
能力。事實上，在校內按學生的語文程
度設班補習法文用意固佳，但效果肯定
不會很大。其原因很容易明白。根據彥
公的回憶有二：1.中國學生同居共膳，

民國15年8月，鄭彥棻攝於里昂中法大學。

天天見面者多為同胞，大家在一起說中國話、吃中國飯、過中國式的生活，缺乏生活與教育條件合而為一的語文訓練環境；2.同時和法國家庭與當地社會的接觸機會相對減少，無法深入瞭解法國人的生活和風俗，也有礙於語言的學習和進步。

因此，有遠見的學生寧願到別處或甚至遠走外埠，置身中學，在法國學生群中學習語文。如鄭先生入學不久，便申請奉准到當地的花園中學（Lycee du Parc-Lyon）念法文。彥公在進入該中學後一星期，即一九二六年十月十六日，寫信給里昂中法大學協會秘書古恆（Maurice Courant），向他報告學習的情況。信一開頭便表明了進該校的兩個動機：一面學習法文，一面對法國的中等教育作實地觀察。做為一個學生，彥公很有志氣的說，人在法國，若不能在講與寫方面學好法語，那是多麼的可憐不幸！他雖然升上法文班第五級，但功課愈來愈難，有時聽不太懂，不過一定會用功努力。

彥棻先生在花園中學留下兩份成績單，第一份標明的是一九二六—七學年度的第二季（2e trimestre），其中有三項紀錄：1.在法文課方面：(1)品行（Conduite）欄填「極好」（T. B. = tres bien）；(2)用功（Application）欄填「良好」（B. = bien）；(3)進步（Progres）欄亦填「良好」（B. = bien）。2.在教師評語方面，分別留下三位教師的觀感，第一位寫的是「傑出的學生」（excellent eleve）；第二位是「高貴的氣質」（esprit distingue）；第三位是「十分用功，繳交作業認真」（tres applique; a remis de bons devoirs）。3.校長評語：校長復根據前述三位教師的評語下一總評道：「在各方面都傑出的學生」（excellent eleve sous tous les rapports）。

第二份成績單標明的時間是同一學年的第三季（3e trimestre），第一項法文的成績與前一季完全相同，至於第二項教師的評語，其用詞截然不同。第一位教師的評語是：「非常用功的學生，進步顯著」（eleve tres travailleur, progres marques）。第二位則是：「勤勉努力的學生，繼續有令人滿意的表現」（eleve assidu, continue a donner satisfaction）。最後一項校長的總評是：「表現良好的一季，努力用功，進步顯著」（bon trimestre, travail assidu, progres notables）。

由上述兩分成績單的簡要記錄可知，彥棻先生在花園中學就讀期間，無論學習精神、用功態度以及成績的進步，都有令法國教師滿意的表現，不僅為自己的高深學術研究打下堅實的工具基礎，也為中國學生爭一口氣，樹立勤奮用功的良好形象。

協會秘書古恆的印象

提到里昂中法大學，不能不提協會秘書古恆（Maurice Courant, 1865-1935）其人。古恆出身巴黎東方現代語專，主修中文和日文，與漢學大師沙畹（Edward Chavannes, 1865-1918）同學，但他的際遇和知名度顯然無法與之相比。早年擔任翻譯性質的外交官生涯，自一八八八年起至一八九五年間職務一直在北京、漢城、東京三地間調動，渡過漂泊不定的歲月，且有兩度喪子之痛。其後離開外交部，擔任編目性的研究工作，但在巴黎找不到合適的棲身之所，於是南下到里昂大學覓得教職，一邊教書，一邊勤奮著述，終於一九一三年以四十八歲之壯年通過博士學位，從此成為執里大牛耳的漢學教授。

中法大學開辦後，古恆出任協會秘書，襄助會長雷賓（Jean Lepine）校務長達十五年之久。這位對中法合作教育頗著勞績的幕後英雄，向來治事不苟，有著法國人冷峻、嚴苛的一面，不大為第一批中國學生所喜，有的說他頭腦十分冬烘，有的批評他行事古板。最重要的是他好攬權，作威作福，所以和校長吳稚暉、秘書褚民誼等人相處不融洽。但不論如何，他對中國學生在生活和學習方面的安排與照顧，至少是盡心盡力，無微不至的。

　　從資料上看，他寫給彥棻先生的個人信函至少有二十封以上。從這些來往信件的字裏行間，我們處處可以看到，一位教育家所具有的無比愛心和寬容精神。在一份古恆主稿，長達兩頁打字的「有關鄭彥棻先生的成績考評單」（Projet d'une note relative a M. Cheng Yin-fun）中，除對彥棻先生的留學歷程有較詳細的紀錄外，也留下了他個人的觀感印象。內云：「在我與鄭先生的所有接觸中，我肯定，他個性開朗而親切，才思敏捷，對法文有深刻的瞭解，講與寫正確而流利。」

　　一九三〇年十一月三日，國立中山大學校長朱家驊行文給里昂中法大學協會會長雷賓，以彥棻先生未遵章按月報告學業，而通知停發其學費及津貼費。古恆對此事極表關切，當即寫信給時在日內瓦國聯工作的彥棻先生，以瞭解真相，嗣囑咐中國秘書劉厚去函向中山大學有所解釋。古恆在前述的「成績考評單」中留下以下有力的證詞：「對於一位在學習上表現優異的傑出學生，我們有義務報告中山大學校長，以引起他的注意。我們認為，獎學金的取消，係出於一種誤會。我們堅持，獎學金自一九三一年一月起恢復，以便他在布格列教

授（Prof. Bougle）的指導下，完成已經開始的論文。」由此可見，古
恆教授對彥棻先生的信任和愛護。總而言之，彥棻先生在里昂的這一
段求學歷程，應該是溫馨而充實，足可回味一生的！

（原載彥棻文教基金會編印之《鄭彥棻先生紀念集》，

頁98-102，民國80年2月）

巴黎大學法學院統計學院頒給鄭彥棻的統計師証書

第七章

鄭彥棻的黨政學三棲生涯

前言

回顧二十世紀後半期亞洲的發展時，臺灣能夠快速的經濟成長經驗，實有賴於一些技術官僚，即主管財經決策的官員，如尹仲容[註1]、嚴家淦[註2]、李國鼎[註3]、孫運璿[註4]、趙耀東[註5]等人接棒式的領航和苦心經營；同樣的，一九五〇年代之後臺灣政局的穩定與開展，亦可歸功於若干學術官僚，如張其昀[註6]、黃季陸[註7]、鄭彥棻等人的參與和努力奮鬥。

經濟的發展和工商業的繁榮，直接造福於民，較容易受到重視，這是何以研究者把焦點多放在技術官僚身上的緣故，而一般的學術官僚相對的可能較受到冷落，這是撰寫本文的旨趣所在。

求學歷程與生平簡歷

鄭彥棻（1902-1990），廣東省順德縣人，生於光緒二十八年正月初一日（一九〇

鄭彥棻先生玉照

二年二月八日），卒於一九九〇年六月二十一日，享年八十九歲。一九二四年畢業於廣東高等師範學校（後與廣東法科學校、廣東農業專門學校合併，改為國立廣東大學，以鄒魯（海濱）為校長，即為國立中山大學前身，與同時創辦之黃埔軍校，分別肩負培育文武革命人材之任務）數理化部（以數學為主科，化學為副科）。註8

畢業後，一方面留校擔任附屬小學教員兼訓育主任，一方面進修教育課程，修習教育概論、教育心理學、中西教育史和倫理學等科目。註9

一九二六年，中山大學選派一批學生到原廣東大學海外部的里昂中法大學（Institut Franco-Chinois de Lyon）去留學，計有學生十人、教授一人（即吳康），鄭彥棻因服務成績優異亦獲選。

里昂中法大學，一稱中法學院，所謂大學，不過是一塊招牌，實際距離大學的標準尚遠，它的性質跡近在國內為勤工儉學生所辦的留法預備班，頂多只是大學的預科而已，因為它既沒有自設

的大學專門課程，也沒有自設的大學專任教師，其主要活動在於組織一些特別演講會與法文補習，以及為理科學生特設的數學、物理複習課等。職斯之故，中法學院在學習方面所能提供的最大服務，就是為學生延聘教師，補習法文，以提升語文的各項運用能力。然據鄭彥棻的回憶，卻是：1.中國學生同居共膳，天天見面者多為同胞，大家在一起說中國話、吃中國飯、過中國式的生活，缺乏生活與教育條件合而為一的語文訓練環境；2.同時和法國家庭與當地社會的接觸機會相對減少，無法深入瞭解法國人的生活和風俗，也有礙於語言的學習和進步。註10

　　因此，有遠見的學生寧願到別處或甚至遠走外埠，置身中學，在法國學生群中學習語文。鄭彥棻入里大不久，便申請奉准到里昂當地的花園中學（Lycee du Parc-Lyon）念法文。鄭彥棻在花園中學就讀的期間雖然不長，但無論學習精神、用功態度以及成績的進步，都有令法國教師滿意的表現，不僅為自己的高深學術研究打下堅實的工具基礎，也為中國學生爭一口氣，樹立勤奮用功的良好形象。註11

　　有了法文為良好工具，鄭彥棻其後進入巴黎大學法學院進修統計學，他認為統計方法是研究社會科學的鎖鑰，統計學的基本原理是以數學做基礎，自己在廣東高師是以數學為主科，所以對於統計學的研究很有幫助。一九三一年他獲得統計師學位，其論文是《限制製造麻醉藥品統計上諸問題》。註12

　　鄭彥棻在就讀大學期間，接觸五四以後的新思潮，曾親聆孫中山的演說，深受感召，並因校長鄒魯的介紹，遂於一九二三年十二月二十三日接受革命洗禮，宣誓加入中國國民黨、信奉三民主義，確定

一生奮鬥的方向，註13他在法國留學期間，熱心黨務，積極參加海外反共鬥爭，先後被選為中國國民黨駐法總支部里昂支部執行委員、駐法總支部九人執委之一，並於一九二九年奉派返國出席中國國民黨第三次全國代表大會。在會中，鄭彥棻提案三件：1.擴大國際宣傳案；2.黨化華僑案；3.統計建設方案。由於「擴大國際宣傳案」引起中央重視，返法時，即受聘為中央日報駐歐特派員，亦以此身分受「國際聯盟」宣傳部之邀赴日內瓦作為期三週之訪問。進而考入國際聯盟之秘書處工作。註14

　　一九三五年夏，鄭彥棻辭去在日內瓦國際聯盟秘書廳待遇優厚的工作，回國擔任母校國立中山大學法學院教授兼院長。抗日軍興，鄭彥棻應宋子文聘邀，出任國際反侵略委員會（International Peace Campaign，簡稱IPC）中國分會執行部主任。該會為國際民間團體，總會設於巴黎，宣傳反對國際間武力擴張與侵略活動。自此以後，鄭氏之政治生涯，如旭日東升，扶搖直上，不久又奉派中央幹部訓練團教育委員會主任秘書。接著又被廣東省政府主席李漢魂將軍禮邀返粵，擔任廣東省政府委員兼秘書長及統計長，一九四三年，鄭彥棻奉蔣委員長手諭，出任三民主義青年團中央幹事會常務幹事兼宣傳處長。抗戰勝利，政府還都南京後，開始行憲，奉派為立法委員及制憲國民大會代表，不久又當選行憲後第一屆立法委員。戡亂期間及大陸易幟前，先後擔任中國國民黨副秘書長、秘書長。一九五〇年國民政府遷臺後，參加黨的改造，歷任中央改造委員會委員兼第三組主任、僑務委員會委員長、司法行政部長、總統府副秘書長、秘書長等重要黨政要職。註15

「乃役於僑」

鄭彥棻是里昂中法大學畢業生當中，在臺灣政壇表現最為傑出的一位。他做得最好，也最難做的兩件工作，一為僑務，二為司法。

鄭彥棻自一九五二年三月至一九五八年七月，出任行政院僑務委員會委員長，前後長達六年四個月之久。他在接掌工作之後，即僕僕風塵，訪問美洲十餘國，為鞏固僑社之向心力而奔走。回國之後，針對主觀的要求和客觀的需要，提出五項工作原則：

1. 「非以役僑，乃役於僑」的工作精神；
2. 「用僑胞的力量解決僑胞的困難」的工作方針；
3. 「擴大組織基礎，提高政治警覺」的工作基點；
4. 「無僑教即無僑務」的工作重心；
5. 「適應僑情，因地制宜」的工作方法。[註16]

民國41年10月21日，僑務委員會委員長鄭彥棻在全球僑務會議報告僑務工作。

在鄭彥棻策劃下，一九五二年十月二十一日，在臺北召開第一次全球僑務會議，出席代表二一六人為來自三五個國家地區之僑社代表。十天會議之中制定「當前僑務綱領」作為僑務工作的南針；成立「華僑救國聯合總會」作為團結全球僑胞之共同組織，此外並明訂每年十月二十一日為華僑節。一九五四年七月，越南局勢惡化，為援救越北之僑胞疏散，鄭彥棻主持大規模的撤僑工作，在第一期的三個月中，共撤運一二、○○○人至南越，另運僑生一三七人來臺就學。第二期自一九五五年二月起，共撤運一七、八四○人。在困難時期大規模的撤僑行動顯示政府護僑的決心，從而贏得僑胞對政府之信心。[註17]

一九五五年九月，鄭彥棻主持在臺北召開之全球華僑文教會議，會中通過之決議案主要有：

1. 華僑文教工作綱領及實施要點；
2. 發展華僑學校教育案；
3. 發展華僑社會教育案；
4. 發展僑報業務案；
5. 鼓勵僑生回國升學案。[註18]

此一會議完全體現鄭彥棻所揭櫫之「無僑教即無僑務」的工作重心，較諸鄭氏當年在中國國民黨第三次全國代表大會所提之「黨化華僑案」的革命精神，殊無二致。該年，華僑中學與僑大先修班成立，專供僑生就讀。次年，鄭彥棻主持「回國僑生輔導小組」，極力倡導僑生回國升學；鄭氏認為，此舉不但足以爭取華僑向心力，並能為海外黨務之發展打下基礎。實際上，大部分僑生返回僑居地工作，無論對祖國或當地社會均有貢獻與成就。

繼全球僑務會議和華僑文教會議之後，僑委會復於一九五六年十月召開「華僑經濟檢討會議」。會中亦討論下列四大中心議題：

1. 關於輔導華僑改進其經濟事業並加強與僑居地政府之經濟合作問題；
2. 關於國內經濟建設與僑資運用之配合問題；
3. 關於發展臺灣對東南亞及其他地區貿易，擴大僑商貿易機會問題；
4. 關於揭發中共經濟策略，加強華僑對中共經濟作戰問題。[註19]

以上三次華僑會議的召開，是政府遷臺後破天荒，也是僑務史上的創舉，可見為發展僑務新的里程碑，更是僑務工作由動盪趨於安定，由安定中再求進步的轉捩點。這三次會議出席人數之多，代表地區之廣，會議規模之大，計劃之週詳，都是史無前例的。故有人私許為中興時代的「僑務之父」。[註20]

司法行政工作的考驗

一九六〇年六月，內閣改組，鄭彥棻奉派接任政務委員兼司法行政部長，前後在任達七年半之久。對於司法行政工作，鄭彥棻完全無實際經驗可言，其所學又與法律、司法毫無關聯，故而任命發表時頗引起司法界之疑慮。首先，他認為司法行政的推行，必須有起點、有順序、有計劃、有目的，所以提出1.建立優良司法風氣，2.健全司法人事制度，3.加強便民工作，4.發揮行刑效能這四者，做為司法行政工作的起點。把握這重點，再經過和各方的研討與多方的體驗，訂出

努力的目標和途徑如下：

1. 以人事革命為先務，而以健全
   司法人事制度為目標。

2. 以監所革新為起點，而以推行
   三民主義的管教措施為目標。

3. 以維護審判獨立、改進審檢業
   務，來提高司法威信，維護人
   民權益。

4. 以改進司法行政、推行便民措
   施，來提高工作效率，加強為
   民服務。註21

民國49年6月1日，鄭彥棻接任司法行政部長，由蔡培火先生監交，左為卸任部長谷鳳翔。

中國監獄的陳舊、落後、骯髒、通風不良、照明不夠，向為國際人士所詬病，也是國人交相批評指責最多的地方。鄭彥棻到職後，最值得稱述的是，在革新監所方面，他提出「監獄學校化、工廠化、醫院化」的新觀念，其要務即闢建開放性新監，使之完全符合國際水準。他興建了桃園龜山新監所，全部建築採新式電桿型設計，符合整潔、堅固、實用、美觀及革新的要求，內部的各項設施諸如廚房、浴室、盥洗室、廁所等力求現代化，並包括有婦育館、

育嬰室、醫療中心、日新堂、習藝工場、康樂中心、圖書館、宏德學園等設備，以符合「學校化、工廠化、醫院化」的目標，而有「觀光監獄」之美稱，凡參觀過的中外人士無不交口贊譽。[註22]

在維護審判獨立方面，鄭彥棻頗能堅守不移。一九六六年臺北發生油商行賄的黃豆案。緣有大華油廠將存於倉庫之公家黃豆盜賣，並涉及十餘位立法委員、監察委員，引起全國注目。起初立法院拒絕傳訊涉案立委，後終經院令通過許可臺北地檢處傳訊涉嫌盜豆行賄案之三名委員；隨後，監察院亦通過許可地檢處拘訊三名監委，繼而辦案之檢察官與立法院因調閱黃豆進口減低關稅發言記錄發生衝突。多位立委以「免言責權」及「侵害立法權」等理由，對鄭彥棻大肆攻擊，指其違憲，要求辭職以謝；鄭答詢時以臺北地檢處無意違憲，並不以行政影響審判權之行使，如有責任決不推諉，但其說辭未為立法院所接受。其後，臺北地檢處首席檢察官發出四點書面聲明登於各大報，說明未違憲理由。此舉引致立法院對行政院院長嚴家淦及鄭彥棻的連番大質詢；鄭彥棻除否認地檢處之聲明係經其授意之外，指出地檢處之調卷與取得發言紀錄，係事後據報始知悉，並以為立法委員在院內之言論當然應受保障。由於其所言皆屬實，始平息一場風波；而涉案之立、監委終因貪污罪而被判刑。雖然鄭彥棻以「擇善固執，止於至善」與司法同人共勉，然終不免引發政潮，他在案後不久即改調總統府副秘書長。[註23]在本案過程中，我們看到的是學者從政的典型，鄭彥棻自始至終雖飽受壓力，但仍堅守原則，表現出依法審判、依法嚴辦、不計個人毀譽的凜然風骨。

結論

學者從政，最可貴之處，即表現出遠見、道德、誠信與風骨等特色。以鄭彥棻等為典型的若干學術官僚（有別於一般行政官僚）在一九五〇年代風雨飄搖的臺灣政局，無疑展露出一股前所未有的清流，在黨政界樹立了一種風範作用；這種學人特質的發揮，無疑對國民政府在臺灣政局的穩定和發展，發揮了相當大的激勵作用。

這些特質或許可以歸納數項如下：

1. 服從領袖，忠黨愛國，以身許黨國，堅決反共，是主義的篤信篤行者。

2. 勇於任事，具創新的觀念和作法，反對中國人「多做多錯，少做少錯，不做不錯」的哲學，而主張「多做多對，少做少對，不做不對」，更抱持「無功即有過，保守便是落伍」的積極精神。[註24]

3. 居官清廉，持家儉約，守法、守分，公私分明。

4. 讀書不厭，誨人不倦，著述不輟，堅守學術崗位，完全符合吳稚暉當年提倡「海外中國大學」，要以「學問消遣終身」的書生本色。以鄭彥棻為例，其晚年仍兼任高雄國立中山大學、中國文化大學碩士及博士班教授，作育英才、培植後進。同時，不管在教書或為官、辦黨期間，均勤於著述，尤對三民主義、五權憲法闡述精微，有獨到之研究，重要論著有《五權憲法要義》（中央文物供應社，一九五二年四月）、《國父遺教闡微》（正中書局，一九七九年一月）、《憲法論叢》（東大圖書

公司，一九八〇年九月）、《國父的偉大及其思想探微》（正中
書局，一九八五年九月）、《往事憶述》（傳記文學社，一九七二
年三月）、《師友風義》（東大圖書公司，一九七八年十一月）等
四十餘種，堪稱著作等身。

　　鄭彥棻學者從政，可謂「黨咸宜，政咸宜」、「僑亦可，法也
可」，真正冶黨、政、學三棲於一爐，此生不虛！

　　　　　　　（原載《近代中國》第122期，頁178-186，民國86年12月）

註1：尹仲容（1903～1963），湖南邵陽人，上海南洋大學畢業。來臺後，歷任臺灣區生產事業管理委員會常委、經濟部顧問、中央信託局局長、行政院經濟安定委員會及工業委員會召集人、經濟部長、行政院外貿易審議委員會主委等要職。尹氏為工程及財經專家，對臺灣經濟穩定、外銷成長貢獻良多。參閱秦孝儀主編，《中國現代史辭典—人物部分》（臺北：近代中國出版社，1985年6月），頁43。

註2：嚴家淦（1905～1993），字靜波，江蘇吳縣人，上海聖約翰大學畢業。來臺後，先後任財政廳長、省政府主席、經濟部長、兩任財政部長、經委會主委、美援會主委、輔導會主委、九年行政院長、兩任副總統、三年總統。嚴氏在臺灣財經決策上付出甚大的心力，並做出了許多決定性的貢獻。參閱張駿：《創造財經奇蹟的人》（臺北：傳記文學社，1987年）；周慕瑜，〈敬悼嚴家淦先生〉，《傳記文學》，六四卷二期（1994年2月），頁14～15。

註3：李國鼎（1910～2001），南京市人，中央大學物理系畢業後，考取庚款留英，進劍橋大學深造。抗戰時期，即參與國民政府的國防工業和國營企業。來臺後，自1953年加入工業委員會起，至1988年退休，歷經美援會、經合會、經濟部、財政部及行政院政務委員（負責跨部會科技發展和推動工作），李氏自始參與臺灣經濟發展的決策，故有「科技界教父」之美稱。參閱康綠島著，《李國鼎口述歷史—話說臺灣經驗》（臺北卓越文化出版，1993年）。

註4：孫運璿（1913～2006），山東蓬萊縣人，哈爾濱工業大學畢業。來臺後曾任臺電總工程師、總經理，後歷任交通部長、經濟部長、行政院長等要職，任內推動十大建設，執行第五期「經建計劃」，為臺灣工業發展奠定了良好的基礎。參閱楊艾俐著，《孫運璿傳》（臺北：天下雜誌社，1989年4月）。

註5：趙耀東（1916～　　），江蘇省淮陰縣人，國立武漢大學機械系畢業，後留學美國麻省理工學院，攻讀機械工程。來臺後參與籌建中本紡

織廠，並先後前往越南、新加坡等地籌建紡織、染織廠。1968年，出任中國鋼鐵公司籌備處主任、董事長，展開公職生涯，並把中鋼經營管理的模式成為國營事業的典範，由此出任經濟部長，繼任經建會主委。參閱劉玉英著，《鐵頭風雲—趙耀東傳奇》（臺北聯經出版公司，1995年）；趙耀東著，《平凡的勇者》（臺北：天下雜誌社，1991年6月）。

註6：張其昀（1901～1985），字曉峰，浙江鄞縣人，南京高等師範學校文史地部畢業，先後擔任浙江大學文學院長、訓導長、史地系所主任。來臺後受任中國國民黨改造委員兼秘書長，1954年7月出任教育部長，於推行九年義務教育，創辦公私立大學，培植人才，貢獻甚鉅。參閱宋晞撰，〈張其昀先生傳略〉，收入《張其昀先生文集》（臺北：中國國民黨中央黨史委員會、國史館、中國文化大學印行，1988年4月），第一冊。

註7：黃季陸（1899～1985），四川敘永人，先後留學日本慶應大學、美國俄亥俄州立大學。曾任廣東大學教授兼法政系主任、四川大學校長。來臺後歷任內政部長、考選部長、教育部長、國史館館長等要職。生平以開發民族文化資源，建立文化大國為己任，於中國現代史及革命史研究之倡導，頗有開風氣之功。參閱《傳記文學》，四六卷六期（1985年6月）。

註8：蘇錫文主編，《鄭彥棻先生年譜初稿》（臺北：傳記文學出版社，1991年1月），頁21～25。

註9：馮成榮，《鄭彥棻傳》（臺北：東大圖書公司，1993年6月），頁6。

註10：鄭彥棻，〈回憶就讀中法大學，永懷吳校長稚老〉，參閱陳三井編，《勤工儉學運動》（臺北：正中書局，1981年），頁417。

註11：陳三井，〈鄭彥棻先生在里昂〉，參閱《鄭彥棻先生紀念集》（臺北：彥棻文教基金會編印，1991年2月），頁101。

註12：《鄭彥棻傳》，頁9。

註13：《鄭彥棻先生年譜初稿》，頁24。

註14：許文堂撰，〈鄭彥棻〉，參閱《中華民國名人傳》（臺北：近代中國出版社，1992年），第12冊，頁381～382。

註15：《鄭彥棻傳》，頁10～13。

註16：鄭彥棻，《往事憶述》（臺北：傳記文學社，1972年），頁117。

註17：同前註，頁121～126。

註18：同前註，頁122。

註19：同前註，頁123。

註20：司徒政，〈敬悼僑務之父鄭彥棻資政〉，《鄭彥棻先生紀念集》，頁328。

註21：《往事憶述》，頁146。

註22：《鄭彥棻傳》，頁207～208。

註23：許文堂，前引文，頁388。

註24：《往事憶述》，頁169。

第八章

留學與辦黨——丘正歐先生

在法國的一段歲月

相識在法，忘年之交數十年

我認識丘正歐先生很晚，我們之間的交情主要是基於兩同。其一是，丘正歐博士係留法前輩，他在民國十五年冬（一九二六年十一月）抵法國里昂，我則於民國五十三年秋（一九六四年九月）到巴黎念書，前後相距約卅八年，而我們的相識就在民國五十五年，他重返法國出任聯合國教科文組織（UNESCO）副代表的任上。其二是，丘正歐教授是研究華僑問題的倡導者和力行者，我的兼攻多少也與華僑華人研究有關，這一同，自然也增加了我們以後在台北有較多的聯絡和見面機會！在我擔任中央研究院近代史研究所所長任內，曾為丘教授出版了他的一本舊作《蘇加諾時代印尼排華史實》，算是為華僑研究略盡棉薄之力，也間接表示對他多年來的關愛與照顧的微不足道回饋。

大家都熟知，丘先生與馬樹禮資政，在印尼曾有過一段為反共而被捕入獄，共患

丘正歐博士

民國57年5月，丘正歐夫人黃瑞環女士
重訪中法大學，在門前留影。

難、相知相惜的經歷和革命情誼。在
民國五十三年初，中（台灣）法斷交，
我駐法使館關閉後，馬樹禮先生時任中
國國民黨中央第三組主任，主管海外工
作，他透過中央黨部向行政院建議，在
我駐聯合國教科文組織內增設一名副代
表，專以照顧華僑和留學生，並推薦丘
正歐先生出任。這是丘先生重返法國，
在聯合國教科文組織工作的來龍去脈。
當時我是留學生之一，同時也是社團的
主要幹部，每逢開會，丘先生都會列席
指導，所以常有聆教請益的機會。

　　丘夫人黃瑞環女士，隨侍左右，親
切隨和，視留學生如自己的子女，我們
習慣稱她為「丘伯母」或「丘媽媽」。
在一些慶典場合，內人與我也常有和她
閒話家常的機會，讓異鄉遊子感受到家
的溫暖以及長輩的關愛之情。最不能忘
懷的是，在我學業告一段落，準備挈家
帶着回國時，丘先生知道我們阮囊並不
豐沛，曾主動提議，要介紹認識在董浩
雲船隊旗下服務的一位馬先生，讓我們
一家三口免費搭乘貨輪返台。後來事雖

不成，但這一點心意是令人可感的！

留學—從里昂到巴黎

　　丘正歐先生得到南洋華僑親友之助，於民國十五年底到法國深造，這時留法勤工儉學運動的高潮已過，因為首的周恩來、蔡和森、鄧小平等人已先後離法東歸，但國共在歐洲的鬥爭卻方興未艾。當時許多留法學生把里昂當成第一站，主要是因為民國十年十月初，吳敬恆（稚暉）、李煜瀛（石曾）等與法國友人，在里昂合辦了一所中國海外大學—里昂中法大學（Institut Franco-Chinois de Lyon），除在北平、上海、廣州招考第一批留學生外，以後且每年固定由北平中法大學、廣州中山大學等校畢業生，擇優選送若干名，選送單位負擔往返旅費並發給每月零用金，學生入里昂中法大學後，食宿及在法國大學學費，概由中法大學負責。條件優厚，所以有志留法學生無不嚮往，趨之若鶩。

　　丘先生雖然不是公費派遣的留學生，不能住進里昂中法大學宿舍，但在出國前，聽說里昂生活費用較巴黎便宜，還有一所類似「海外留學生之家」的中法大學可以依靠，所以就選擇里昂做為留法的第一站。正歐先生到了中法大學以後，恰好遇見正在國立里昂大學醫學院攻讀的同鄉同學姚碧澄，透過他的介紹，翌日即遷往鄉間一位退休小學校長家裡補習法文。因為在中法大學，雖然得到中國同學許多照顧，深感便利與溫暖，但大家在一起，說中國話，吃中國菜，過中國方式的生活，對學習法文卻有極大的妨礙。這與鄭彥棻到中法大學不

久，便申請到當地的花園中學（Lycee du parc-Lyon）在法國學生群中學習語文一樣[註1]，都是有遠見而聰明的做法。

丘先生在鄉間差不多補習了兩年法文之後，便進入國立里昂大學修習社會學，並在距離中法大學不遠的半山腰賃租一間小屋，每天早晨下山到里昂大學上課，但在無課時或星期假日，則又跑上山頂的中法大學去會晤中國同學，享受友情的溫暖[註2]。

里昂是法國的產絲地區，與中國的商務往來甚早，它是從馬賽到巴黎乘坐火車必經的中途站，不過它的城市風貌不如馬賽令人第一印象深刻，亦不及巴黎之富麗堂皇，丘先生就在這「人文輻輳」之地的里昂，四易寒暑，渡過留學生活的第一階段。

但里昂雖好，卻不是法國的學術重鎮。打好語文基礎之後，丘先生即於民國十九年冬，轉往巴黎，其後進入巴黎大學繼續深造，並於民國三十年以「中國的新生活運動」（Le Movement de la Vie Nouvelle en Chine）為題，通過文學博士學位。在留學巴黎十年期間，丘先生除了撰寫博士論文和從事黨務工作外，並就其深入觀察所得，完成一部《巴黎春夢》的小說（曾在印尼《天聲日報》連載），其精彩、香豔、刺激當不在《留東外史》或《海外繽紛錄》之下。外表看來頗為嚴肅的丘伯伯，十年一覺花都夢，竟然也留下不少「往事只能回味」的浪漫情史。

辦黨—從《國民》到《旅歐黨聲》

中國國民黨在歐洲的組織，是王京岐奉孫中山之命，於民國十二年創立的。初設在法國里昂，後遷移到巴黎[註3]。初期國共是合拍合作的，等到清黨前後，歐洲亦熱烈響應，搞鬥爭、鬧分裂，紛擾不斷。至民國十五年間，黨部甚至一分為三，有擁護汪精衛的「改組派」的，有支持「西山會議派」的，也有些擁護中央的。黨部所辦的刊物—《國民》，亦鬧真假雙包，逼得忠貞黨員另創《三民》金字招牌，過程十分複雜，在此不能多述。

丘先生於民國十五年冬抵里昂後，即於里昂中法大學認識鄭彥棻，稍後復在里昂支部正式加入中國國民黨[註4]。當北伐成功國家統一之後，中央即設法整理海外黨部，力謀統一組織，以團結黨的力量，於是委派鄭彥棻、方棣棠、陳俊厚、孫友柔、陳繼烈、章駿錡、郭觀儀、范會國、張文甲等九人，為駐法（歐）總支部指導委員，負責整理暨統一總支部之任務。全體委員於民國十八年十一月三日宣誓就職，後因指委張文甲、范會國回國辭職，由中央改委王燦芬、丘正歐遞補委員。委員會下設文書、宣傳、組織、訓練、僑務、調查、會計七科，丘氏並兼任文書科主任[註5]。之後，駐法總支部整理完成，組織統一，丘先生復被任命為候補執行委員、執行委員與常務委員，故論駐法總支部組織之統一，基礎之鞏固，黨務之整理發展，固得力於鄭彥棻之策劃與督導，然丘先生之實幹作風，亦功不可沒。

民國十九年四月一日，駐法總支部創刊《旅歐黨聲》（La Voix du Kuomintang en Europe），惜前後僅出版二期即停刊。在創刊號

中國國民黨駐法總支部所創辦的
《旅歐黨聲》

上，刊登兩篇重要專論，其一是鄭彥棻的〈中俄問題的國際輿論及其給予我們的教訓〉，其二是丘正歐譯介的〈從社會學的觀點對於唯物史觀的批評〉。另六月一日出刊的《旅歐黨聲》第二期，除續載丘先生譯文外，復刊登新作〈反動勢力的形成及其崩毀〉，主要批評閻錫山、馮玉祥等軍閥根本不能團結，沒有力量反抗中央，終必崩毀失敗。由此可見，丘先生能文能譯，乃筆之健者，在總支部扮演著舉足輕重的地位。

民國廿年九一八事變爆發後，駐法總支部及所屬歐洲各地支部，即大力展開反日宣傳工作，中央又特指派鄭彥棻與丘正歐兩人，分別主持日內瓦及巴黎方面的宣傳工作。由於我國之控訴，當國際聯盟開會討論制裁日本提案時，中央復再指派丘正歐前往日內瓦，協助我國代表團與鄭彥棻之工作。足見丘先生除黨務專長外，在國際宣傳方面同樣能有所獻替。

基於上述對黨和對國家的卓越貢獻，丘先生先後曾代表駐法總支部回國

出席中國國民黨第五次全國代表大會（民國廿四年十一月於南京）、臨時全國代表大會（民國廿七年三月於武昌）及第六次全國代表大會（民國卅四年五月於重慶），忠黨愛國，終生不渝！

（原載《僑協雜誌》 73期，頁30-33，民國90年9月）

註1：鄭彥棻，《往事憶述》（傳記文學出版社，民國74年12月），頁39；陳三井，〈鄭彥棻先生在里昂〉、《鄭彥棻先生紀念集》（鄭彥棻文教基金會編印，民國80年2月），頁100。

註2：丘正歐，〈憶里昂—三訪中法大學記〉，《吳稚暉先生紀念集（一百一十歲誕辰紀念特輯）》（世界社中國同志會，民國63年），頁66。

註3：陳三井，〈國共分合在歐洲的一段史實〉，《傳記文學》，第79卷第1期（民國90年7月），頁16。

註4：丘正歐，〈彥棻兄與駐法總部〉，收入陳伯中編輯，《鄭彥棻八十年》（傳記文學出版社，民國71年1月），頁153。

註5：〈駐法總支部黨務指導委員會黨務彙要〉，《旅歐黨聲》，創刊號（民國19年4月1日），頁55。

《走過的歲月》感謝圖片提供者

　　本書部分照片，採自《洪樵榕先生訪談錄》、《劉真先生訪問紀錄》、《林衡道教授紀念文集》、《吳稚暉先生紀念集》、《梁校長永燊教授紀念集》、《鄭彥棻先生紀念集》、《劉紹唐先生紀念文集》、《三民書局五十年》、《台灣史蹟源流研究會創辦二十週年紀念特刊》、《走過憂患的歲月—近史所的故事》、《源》（施啟揚著）等書及《史聯雜誌》創刊號和《僑協雜誌》73期。

　　除以上特予說明外，謹向各出版單位敬致感謝之意！

世紀映像叢書

國家圖書館出版品預行編目

走過的歲月：一個治史者的心路歷程 / 陳三井著.
-- 一版. -- 臺北市 ： 秀威資訊科技, 2007[民96]
面 ； 公分. --（史地傳記類 ； PC0024）

ISBN 978-986-6909-70-2（平裝）

1.陳三井 - 傳記

782.886   96008613

史地傳記　PC0024

走過的歲月——一個治史者的心路歷程

作　　者 / 陳三井
主　　編 / 蔡登山
發 行 人 / 宋政坤
執行編輯 / 詹靚秋
圖文排版 / 林世峰
封面設計 / 林世峰
數位轉譯 / 徐真玉、沈裕閔
圖書銷售 / 林怡君
網路服務 / 徐國晉
法律顧問 / 毛國樑律師
出版印製 / 秀威資訊科技股份有限公司
　　　　　　台北市內湖區瑞光路583巷25號1樓
　　　　　　電話：02-2657-9211　傳真：02-2657-9106
　　　　　　E-mail：service@showwe.com.tw
經 銷 商 / 紅螞蟻圖書有限公司
　　　　　　台北市內湖區舊宗路二段121巷28、32號4樓
　　　　　　電話：02-2795-3656　傳真：02-2795-4100
　　　　　　http://www.e-redant.com

2007 年 5 月　BOD 一版
定價：240元

讀　者　回　函　卡

感謝您購買本書，為提升服務品質，煩請填寫以下問卷，收到您的寶貴意見後，我們會仔細收藏記錄並回贈紀念品，謝謝！

1. 您購買的書名：＿＿＿＿＿＿＿＿＿＿＿＿＿＿＿＿＿＿

2. 您從何得知本書的消息？

　　□網路書店　　□部落格　　□資料庫搜尋　　□書訊　　□電子報　　□書店

　　□平面媒體　　□ 朋友推薦　　□網站推薦　□其他＿＿＿＿＿＿

3. 您對本書的評價：(請填代號　1.非常滿意 2.滿意 3.尚可 4.再改進)

　　封面設計＿＿　版面編排＿＿　內容＿＿　文/譯筆＿＿　價格＿＿

4. 讀完書後您覺得：

　　□很有收獲　　□有收獲　　□收獲不多　　□沒收獲

5. 您會推薦本書給朋友嗎？

　　□會　　□不會，為什麼？＿＿＿＿＿＿＿＿＿＿＿＿＿＿＿＿＿

6. 其他寶貴的意見：＿＿＿＿＿＿＿＿＿＿＿＿＿＿＿＿＿

＿＿＿＿＿＿＿＿＿＿＿＿＿＿＿＿＿＿＿＿＿＿＿＿＿＿＿＿

＿＿＿＿＿＿＿＿＿＿＿＿＿＿＿＿＿＿＿＿＿＿＿＿＿＿＿＿

＿＿＿＿＿＿＿＿＿＿＿＿＿＿＿＿＿＿＿＿＿＿＿＿＿＿＿＿

讀者基本資料

姓名：＿＿＿＿＿＿＿＿＿　年齡：＿＿＿　性別：□女 □男

聯絡電話：＿＿＿＿＿＿＿　E-mail：＿＿＿＿＿＿＿＿＿

地址：＿＿＿＿＿＿＿＿＿＿＿＿＿＿＿＿＿＿＿＿＿＿＿

學歷：□高中(含)以下　　□高中　　□專科學校　　□大學

　　　□研究所(含)以上 □其他＿＿＿＿＿＿＿

職業：□製造業 □金融業 □資訊業 □軍警 □傳播業 □自由業

　　　□服務業 □公務員 □教職　□學生 □其他＿＿＿＿＿

秀威與 BOD

BOD（Books On Demand）是數位出版的大趨勢，秀威資訊率先運用 POD 數位印刷設備來生產書籍，並提供作者全程數位出版服務，致使書籍產銷零庫存，知識傳承不絕版，目前已開闢以下書系：

一、BOD 學術著作—專業論述的閱讀延伸
二、BOD 個人著作—分享生命的心路歷程
三、BOD 旅遊著作—個人深度旅遊文學創作
四、BOD 大陸學者—大陸專業學者學術出版
五、POD 獨家經銷—數位產製的代發行書籍

BOD 秀威網路書店：www.showwe.com.tw
政府出版品網路書店：www.govbooks.com.tw

永不絕版的故事‧自己寫‧永不休止的音符‧自己唱